小児科医が教える

子どもを
\ 家庭内での思わぬ /
事故から守る

佐久総合病院佐久医療センター小児科医長　坂本昌彦

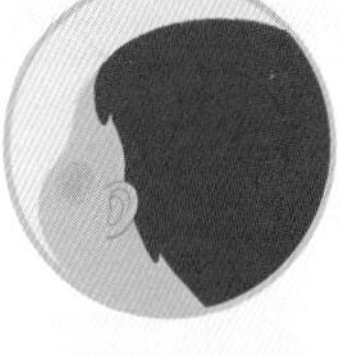

窓やベランダから落ちる
パンやすりおろしりんごで窒息
お風呂で溺れる
車の中で熱中症 などなど

この本で子どもをめぐる
不慮の事故を予防しましょう

内外出版社

\ 119番！ /

救急車の呼び方

救急車を呼ぶときは、できる限り落ち着いて。相手の質問にはっきりと答えましょう。

1　１１９番

119番に電話をする

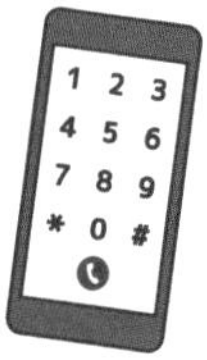

携帯・固定電話のスピーカーモード（ハンズフリー）機能があれば利用して通話しましょう。まずは深呼吸して落ち着いて。メモを用意しておくと安心です。

2　救急です

こちら消防庁です。火事ですか？救急ですか？

救急です

最初に「救急です」と答えましょう。

3　住所や目印を知らせる

救急車が向かう住所を教えてください

例）
〇〇市
〇〇番地です。
近くに
コンビニが
あります

固定電話や公衆電話を使うと、かけるだけで住所が伝わります。

パニックになった場合に備えて自宅の住所や目印になるものを記入しておきましょう。

外出先でどこにいるかわからないときは、周りの人に聞くか近くのおうちやお店から電話をするとよいですよ。

MEMO

自宅の住所

____

____

目印になるもの

____

____

小児救急電話相談
#8000

救急車を呼ぶかどうか迷ったら

4 誰が？いつから？どうした？

どなたがどうされましたか？

例）子どもが窓から落ちて意識がありません

ここで初めて「どなたがどうされましたか?」と聞かれます。聞かれたら「誰が」「いつどうしたか」「どんな状態なのか」を説明してください。
意識や呼吸の有無についても詳しく聞かれることがあります。状況によっては、心肺蘇生のやり方を説明される場合もあります。そのためにも電話はスピーカーモードにしておくと安心です。

5 通報者の氏名

名前を教えてください

○○○（電話している人の名前）です

電話をしている人の名前です。

6 電話番号

電話番号を教えてください

MEMO

電話番号

場合によっては電話番号を聞かれることもあります。

7 救急車を待つ

おとなが自分しかいない場合

●子どもの応急手当をする

おとなが複数いる場合

●１人は子どもの応急手当を続ける

●ほかは荷物の準備をし、サイレンの音が聞こえたら外に出て誘導する

持ち物リスト

CHECK!

- □ 健康保険証
- □ 母子健康手帳
- □ 福祉医療費受給者証（乳幼児医療証）
- □ お薬手帳

・現金　・子どもの着替え
・靴（帰宅時に必要）
・哺乳瓶、ミルク
・おむつ、おしり拭き
・タオルや手拭い
・ビニール袋
・携帯電話の充電器

1歳未満 心肺蘇生のやり方

…まで繰り返す

胸骨圧迫

①周囲の安全を確保し、硬くて平らな地面や床に静かに寝かせる。
②胸の真ん中の部分を指を2本揃えて押す。
③アンパンマンのマーチの速さ（1分間に100～120回のスピード）で30回続ける。

強く
胸の厚さの1/3（約4㎝）沈むように

速く
1分間に100～120回のスピード
アンパンマンのマーチの速さ

絶え間なく
人工呼吸などでの中断は10秒未満

事前に講習会などで学んでおくと安心です。

人工呼吸

息を吹き返す

①子どものあごを持ち上げて気道を確保する。
②子どもの口と鼻に息を1秒吹き込む。
③息を吹き込みながら胸が上がるのを確認。
④息を吹き込んだらいったん口を離す。
⑤❶〜❹を2回繰り返す。

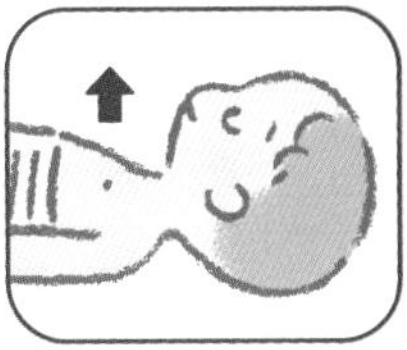

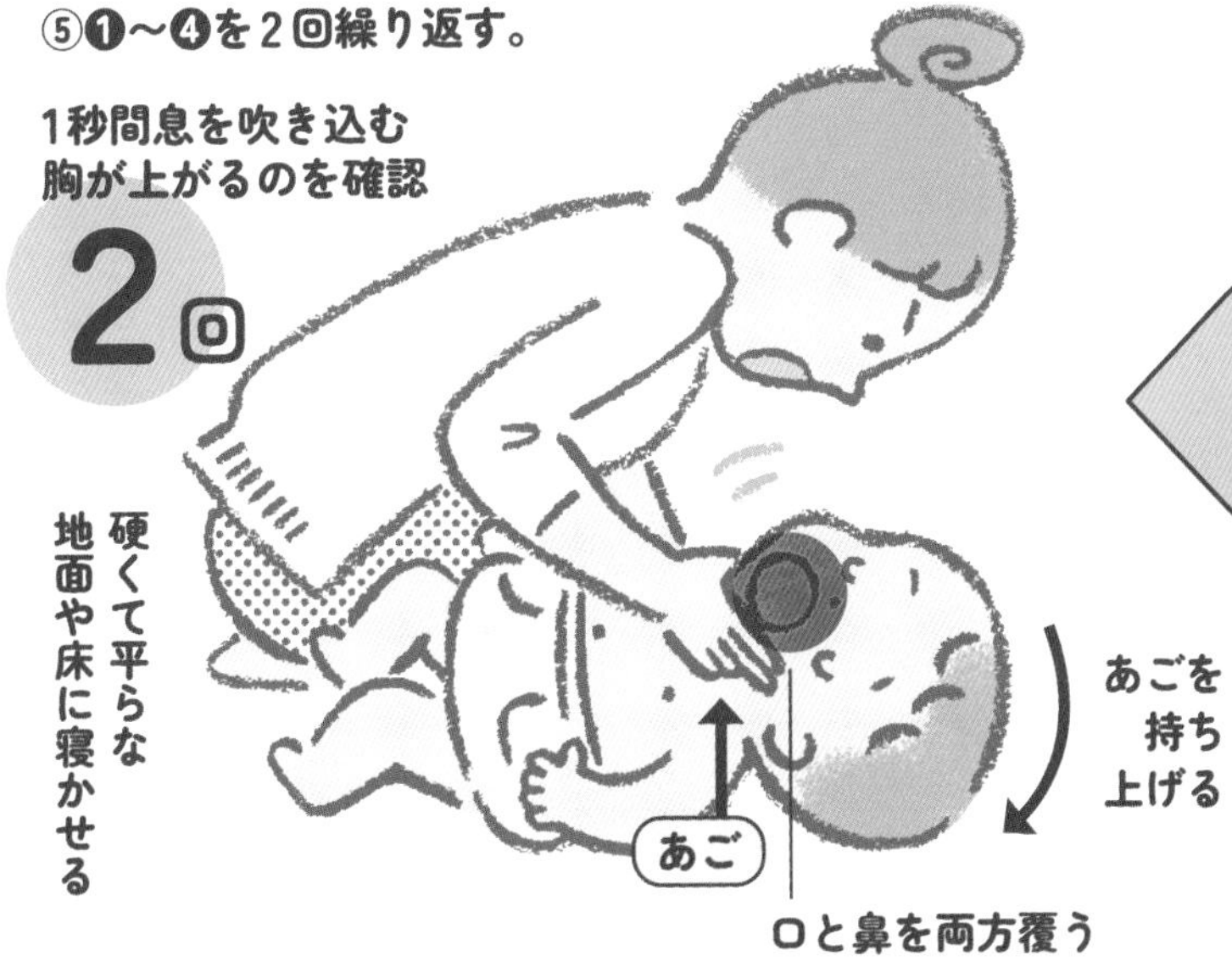

繰り返す

東京消防庁が動画で解説しています。
アプリをダウンロードしていつでも
確認できるようにしておきましょう。

iOS　Android

ホーム → 救急サポート → 心肺蘇生 → 乳児の心肺蘇生

1歳以上 心肺蘇生のやり方

まで繰り返す

胸骨圧迫

①周囲の安全を確保し、硬くて平らな地面や床に静かに寝かせる。
②胸の真ん中の部分を、片方の手のひらのつけ根で押す。
③アンパンマンのマーチの速さ（1分間に100〜120回のスピード）で30回続ける。

強く
胸の厚さの1/3（約5㎝）沈むように

速く
1分間に100〜120回のスピード
アンパンマンのマーチの速さ

絶え間なく
人工呼吸などでの中断は10秒未満

事前に講習会などで学んでおくと安心です。

人工呼吸

息を吹き返す

①子どものあごを持ち上げて気道を確保する。
②子どもの口と鼻に息を1～1.5秒吹き込む。
③息を吹き込みながら胸が上がるのを確認。
④息を吹き込んだらいったん口を離す。
⑤❶～❹を2回繰り返す。

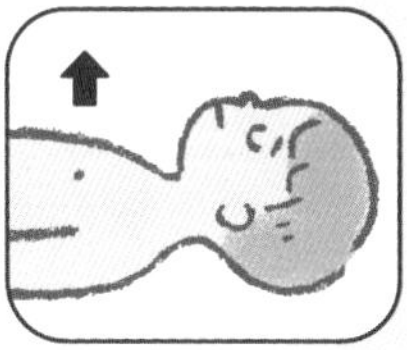

1～1.5秒間息を吹き込む
胸が上がるのを確認

2回

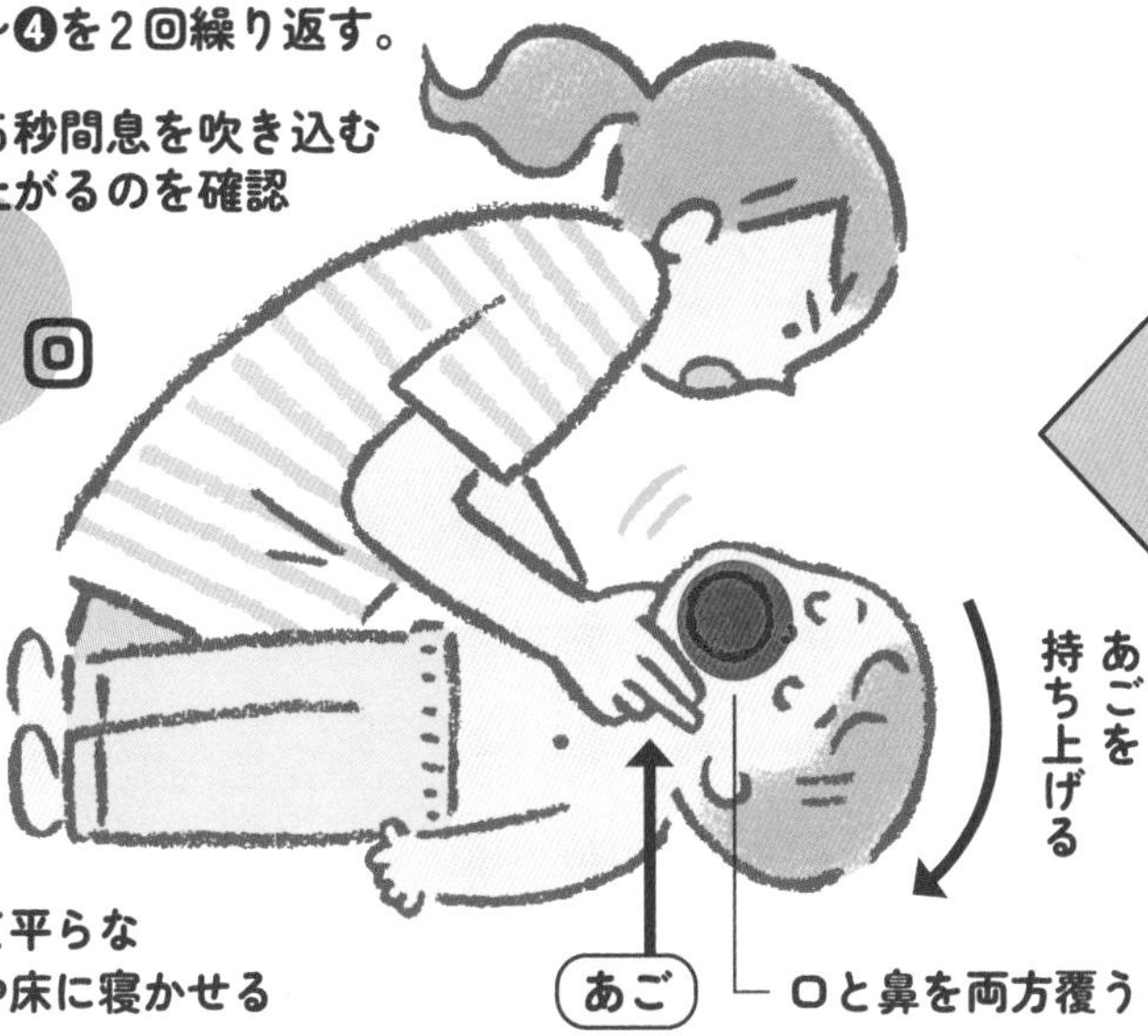

硬くて平らな
地面や床に寝かせる

繰り返す

東京消防庁が動画で解説しています。
アプリをダウンロードしていつでも
確認できるようにしておきましょう。

iOS　Android

ホーム → 救急サポート → 心肺蘇生 → 小児の心肺蘇生

万が一のときに備えて　持ち物リスト

検査に時間がかかったり、入院になる場合もあります。
普段から家族の誰もがわかる場所に置いておくとよいでしょう。

この４つは
市販の
母子手帳ケースに
入れるなどして
セットしておくと、
通常の受診時も
便利です。

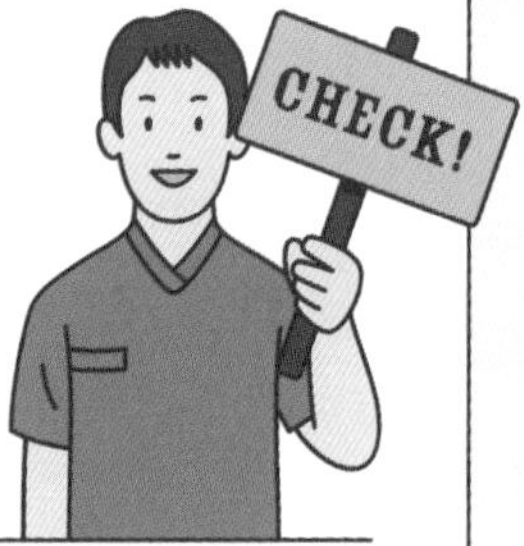

- □ 健康保険証
- □ 母子健康手帳
- □ 福祉医療費受給者証（乳幼児医療証）
- □ お薬手帳

- □ 現金
- □ 子どもの着替え
- □ 靴（帰宅時に必要）
- □ 哺乳瓶、ミルク
- □ おむつ、おしり拭き
- □ タオルや手拭い
- □ ビニール袋
- □ 携帯電話の充電器

MEMO

小児救急電話相談
#8000

受診するべきか迷ったら

スマートフォン用アプリ「教えて！ドクター」

こんな症状で救急車を呼んでもいいの？と迷ったら、私も開発に携わったアプリ「教えて！ドクター」に聞いてみましょう。緊急時にアプリ内で対処法を検索できるなど、便利な機能を搭載しています。

iOS　Android

子どもの緊急時の連絡先（かかりつけの医療機関）			
クリニック名			
電話番号			
休診日や診療時間			

家族の連絡先（家族や保護者、万が一のときに頼れるおとなの連絡先）			
氏名			
電話番号			

保育所や幼稚園、小学校の連絡先			
学校名			
電話番号			
担任の名前			

小児科医が教える
子どもを事故から守る本

【目次】

はじめに

頭…028

口の中…068

はじめに

まさか！そんなことするなんて！が子どもなんです

みなさん、はじめまして。小児科医の坂本昌彦と申します。普段は長野県佐久市の佐久医療センターで診療に当たるとともに、長年、「教えて！ドクター」という保護者向けの医療啓発活動に関わってきました。

この取り組みは、保護者の方々ご自身が子どもの病気やケガについて正しい情報を得ることによって、子育ての不安を軽くするとともに、適正な

受診につなげようというものです。そして、この活動のなかでもっとも力を入れてきたテーマのひとつが、事故（傷害）の予防でした。

子どもの不慮の事故による死亡は減少傾向ではあるものの、今でも病気を含むすべての死因のなかで上位を占めています。そして、不慮の事故による死者の過半数は4歳以下と、低年齢であることもわかっています。

事故が起こる場所別でみると、もっとも多いのは実は家庭内で、全体の3割を占めています。事故といえば家の外で起こるものと思いがちですが、そうとは限らないのですね。

子どもの事故は最悪の場合、死に至るだけでなく、助かっても後遺症を残すことも少なくありません。小児科医として働くなかでその状況も経験し、悔しくやりきれない思いを感じたことも一度や二度ではありません。

こうした悲しい事故を少しでも減らすためには、予防がもっとも大切なのは言うまでもありません。そのためには「3つのE」という考え方が重要です。

つまり、事故を予防するために、どのような環境デザインや製品が有用なのかを知り（Environment）、事故予防につながる意味のある法令を制定し（Enforcement）、保護者などに注意すべきことを啓発する教育をすること（Education）が鍵になります。

「3つのE」という考え方が生まれた背景は、悲しい事故を防ぐためには、保護者の方々はもちろんのこと、子どもを取り巻くすべての方々に「目を離さないで、気をつけて」と注意喚起するだけでは不十分だということがわかってきたからです。

そもそも、子育てのなかでずっと目を離さないでいることなんて不可能ですよね。目は離れるものだと認識したうえで、それでもすぐに大きな事故に繋がらない対策を考えることが大事なのです。

小さなケガをすべて防ぐことはできませんし、またそうする必要もありません。小さなケガをする経験を通して、子どもは学び、成長します。後戻りできない大きな事故を防げればよいのです。

子どもを育てるということは、かけがえのない楽しみ喜びとともに、予想もつかないさまざまな危険と心配を経験することでもあります。リスクをいかに回避できるか、日々のなかで漫然と注意するのではなく、ポイントを絞って理解し、予防できるようにまとめたのが本書です。「子どもは想定外のことをする」と言われますが、過去の事例を振り返ることで、起きうる事故をあらかじめ知り、防ぐことができます。

そのため今回は、実際に起きた事例を多く取り入れ、子どもの事故をより身近に、自分事と考えていただけるような工夫を施しました。本書を通して、読者の皆様の「想定外」を「想定内」に近づけ、不測の事故を予防するとともに、安全に子育てをするお手伝いができれば幸いです。

赤ちゃんは頭が重たくて

骨が未発達

脳を守るヘルメットである頭蓋骨が薄いため、頭をぶつけると脳挫傷や血腫ができやすい。骨の石灰化が不十分で、頭部に限らず骨折のリスクがある。

脂肪が少ない

身体の周りのクッションである脂肪組織などがおとなよりも少ないため、外的ショックを受けると内臓への損傷が大きい。

体格が小さい

体液の量（循環血漿《けっしょう》量）が少ないため、おとなではコントロールできる出血量でも、子どもにとっては大出血となりうる。

生まれたばかりの赤ちゃんは、身体中のいろんな部分が未発達の状態。単に体格や体重が小さい「おとなの縮小版」ではなく、「赤ちゃん」「子ども」ならではの身体の特徴があります。注意すべき点やケアの仕方など、おとなとは違うと知っておくことが大切です。

身体がぐにゃぐにゃしている

体表面積に占める頭の割合が大きい

下肢より頭部の方が体表面積の割合が大きく、頭や顔をやけどした場合などは、おとなよりも重症化しやすい。

脳の発達が未熟

自らの症状を言葉で伝える能力が限られているため、誤って異物を飲みこんだ場合など、身体に異常や違和感があってもうまく伝えられない。

頭が大きい

体幹に比べて頭が重いので重心が高く、支える首の筋肉もまだ不十分。そのため、バランスを崩すと頭から落ち、頭部のケガを起こしやすい。

家の中は子どもにとってキケンな場所がいっぱい潜んでいます

実は、家の中での事故が最多！親が目を離しても安全な環境づくりを

1歳から9歳までの子どもの死亡原因でもっとも多いのは「不慮の事故」です。そして、すべてのケガのうち、[*1]家の中で起こるケガは3割を占めるとされ、なかでも5歳未満の子どものケガの多くは、家の中で起きているとの報告もあります。

事故を防ぐためには、家の中でどんな事故が起こりやすいのかを知ること。そして、保護者が少しの間目を離してしまっても、すぐに大きな事故につながらないよう、家の中の環境を整えておくことが大切です。

*1 Lyons RA., et al., Modification of the home environment for the reduction of injuries. Cochrane Database of Systematic Reviews, 2006: CD003600.

リビング

１歳までは、リビングでの事故が多く発生しています。特に多いのが、誤飲や窒息の事故。タバコやおとなの薬は重大な事故につながる可能性があるため、子どもの手が届かない１m以上の高さに収納を。家具の角にクッションカバーをつけるなどして、転倒によるケガを予防しましょう。ベランダのある窓には補助鍵をつけるなどして、墜落事故から子どもを守りましょう。

＊あいち小児保健医療総合センター「子どもの事故予防わたしたちができること」

台所

やけどの原因となる熱源、包丁などの刃物、窒息や誤飲、中毒の原因になる食品や薬品などがたくさんあります。ハイハイを始めるようになったら、台所には簡単に入れないようにガードをつけましょう。炊飯器や電気ポットなどの家電製品や危険なものは、子どもの手の届かない1m以上の高さに置きましょう。食器棚や引き出しには、チャイルドロックの設置を。

＊あいち小児保健医療総合センター「子どもの事故予防わたしたちができること」

浴室・洗面所

溺れる事故は命の危険に関わることもあります。乳幼児がいる家庭では、浴室には簡単に入れない工夫をしたり、浴槽に残り湯をためないようにしましょう。洗濯機や洗剤、化粧品などのある洗面所も、誤飲や窒息の恐れがあるため、小さな子どもだけで立ち入らないようにガードの設置が安心です。階段や段差のある場所にもガードを設置して転落防止に努めましょう。

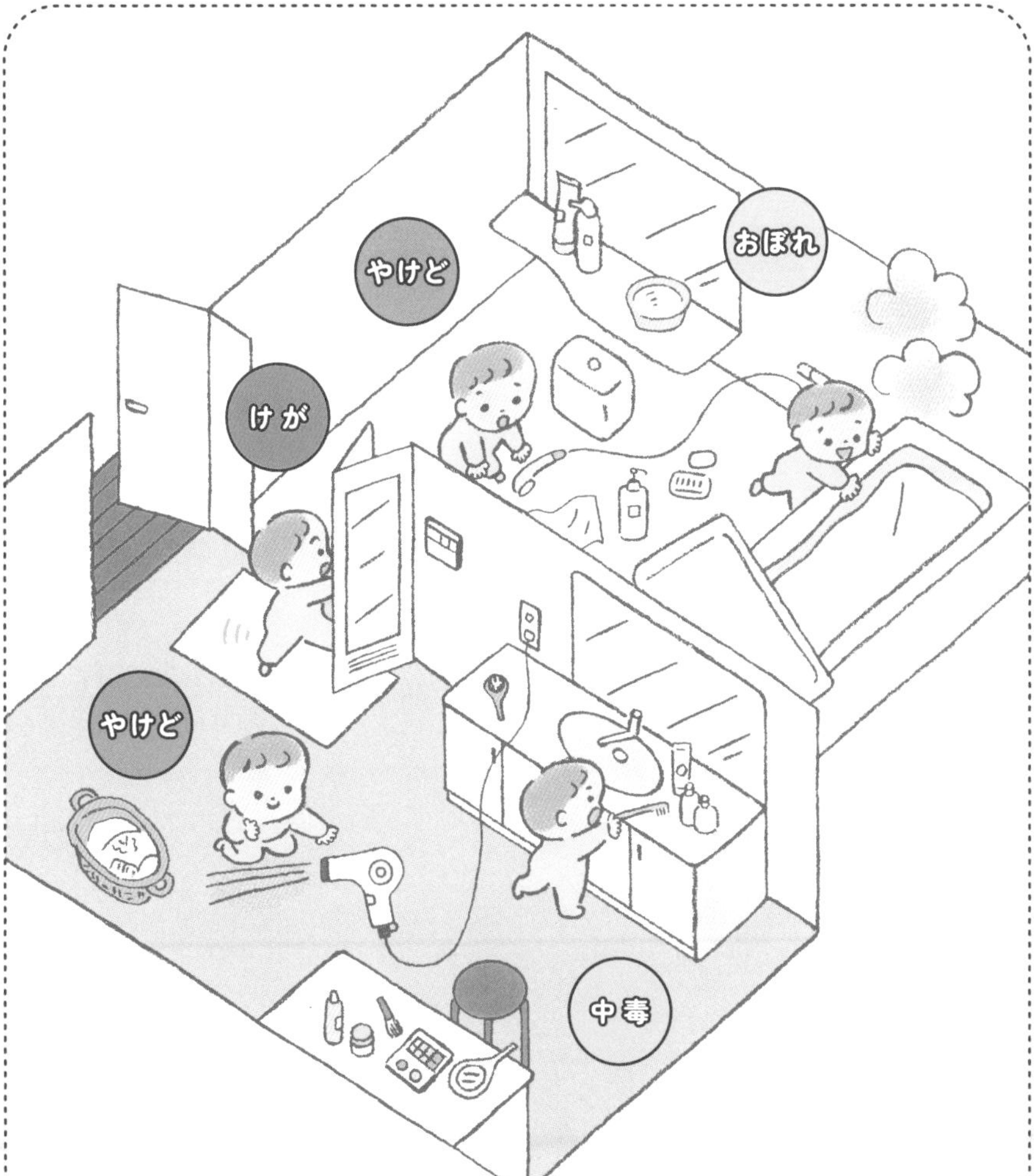

＊あいち小児保健医療総合センター「子どもの事故予防わたしたちができること」

頭

ベッドや階段から

① **落ちる**（落下）

窓やベランダから

② **落ちる**（墜落）

転んでゴツッと

③ **頭をぶつける**
（転倒）

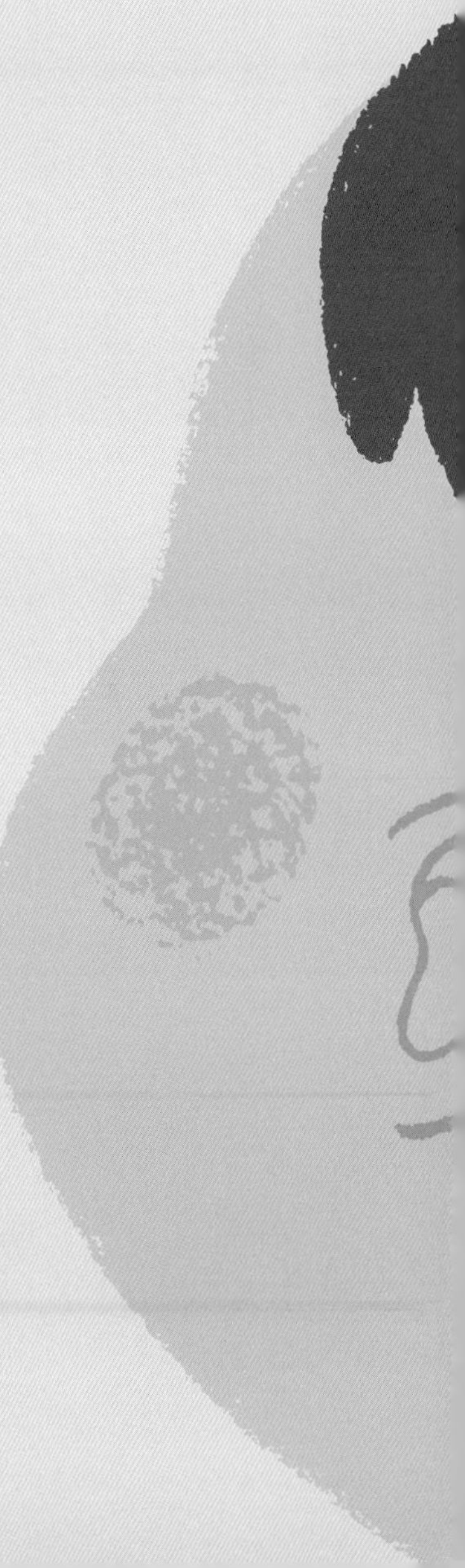

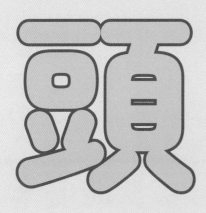

頭のケガを見つけたら キホン的には受診してください

子どもがケガをする部位でもっとも多いのは顔や頭で、全体の約4割に及ぶと[*1]言われています。その原因になるのが、高い場所からの「転落」や「墜落」「転倒」です。乳幼児は、頭が大きく重心が高いため、高所からの転落はもちろん、転んだ場合でも、頭のケガをしやすくなります。その場合、手で頭をかばうなどの防御技術が乏しいうえ、頭を支える首の筋肉もまだ不十分で頭蓋骨も薄いために、脳挫傷や血腫など、重大な事故につながる危険性をはらんでいます。

もっとも怖いのは窓やベランダからの墜落です。迷わず救急車を呼びましょう。そのほかの場合も左ページのチャートを参考に、基本的には必ず受診してください。

頭のケガで重要なのが「24時間」というキーワードです。すぐに反応が出ない場合もあるので、24時間は長時間の外出を避け、安静にして様子を注意深く観察します。逆に24時間経過後、特に変わった様子がなければ、ひとまず安心です。

ただし、
窓やベランダから落ちた場合は、
急いで救急車を呼びましょう

*1　国民生活センター「医療機関ネットワーク事業からみた家庭内事故-子ども編-」2013（更新）

ケガをしたら?

24時間は子どもの様子を注意して観察しましょう

まずは傷の有無の確認を。出血なら止血 傷がなければ冷却する

傷の有無を確認し、止血や冷却など、適切なケアを行います。直後に症状が出なくても、24時間は様子が変わらないか注意して観察します。逆に言えば、24時間特に変わった様子がなければ、ひとまず安心できます。

まず落ち着いて、確認！

CHECK!

- □ 頭に傷ができていないか確認する
- □ 出血があれば傷口を清潔なタオルなどで押さえて止血。傷がなければ患部を冷やす

- □ ぶつけた後は、長時間の外出を避け、自宅でゆっくり過ごす
- □ 直後に症状が出ないこともある。子どもの様子が変わらないか24時間は注意して観察する
- □ 眠っているのかわからなければ起こして意識を確認する

119番！

こんなときは迷わず救急車

意識がない、ぐったりしているなら即119番！

不機嫌でぐずり方が激しい、目がとろんとして視線が合わない、ずっと目を閉じているなどの場合は、すぐに119番して受診しましょう。

CHECK!

- □ ぶつけた直後にぐったりして泣かない
- □ 反応がなくて意識がない
- □ けいれんしている
- □ 名前を呼んでも反応が鈍く、ぼーっとしている
- □ 意識はあるが手足の左右の動きが違う

ベッドや階段などから
落ちる（転落）

- 乳幼児は頭のケガにつながり、重篤化の危険性も！
- 乳児は、ベッドやソファからの転落が多い
- 1歳未満は抱っこひもなどの乳児用品、おむつ交換台からの転落に注意
- 2歳以上は、自転車の補助椅子や滑り台からの転落が増加

2歳未満はハイリスクです！

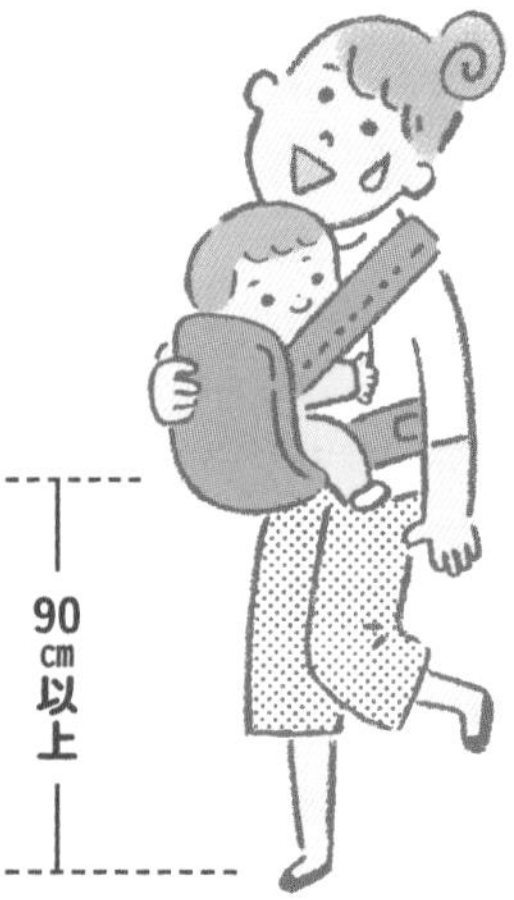

なぜ危ないの？

頭部のケガにつながりやすく重症化の可能性も！

乳幼児の転落は、ベビーベッドや抱っこひも、自転車の補助椅子からなどさまざま。転落で怖いのが、頭のケガにつながりやすいことです。乳幼児は体幹に比べて頭が重いために転落すると頭から落ちやすく、防護技術が未熟なために手で頭を守るといったことができません。さらには、頭蓋骨が薄いため、脳挫傷や血腫の危険も大きくなります。

特に2歳未満は90㎝以上、2歳以上では150㎝以上の高さからの転落に要注意。重篤なケガにつながる危険性もあるので、十分な対策が必要です。

ケガをしたら

まず確認！　24時間は注意して様子を観察する

CHECK!
- □ 頭に傷ができていないか確認する
- □ 出血があれば傷口を清潔なタオルなどで押さえて止血。傷がなければ患部を冷やす
- □ ぶつけた後は、長時間の外出を避け、自宅でゆっくり過ごす
- □ 直後に症状が出ないこともある。子どもの様子が変わらないか、24 時間は注意して観察する
- □ 眠っているのかわからなければ、起こして意識を確認する

診療時間内に受診

CHECK!
- □ 普段通りに泣き、手足を左右差なく動かす
- □ 泣きやんだら、普段通りに過ごしている
- □ 嘔吐が 1～2 回のみ

すぐに受診！

CHECK!
- □ 繰り返し吐く
- □ 不機嫌でぐずり方が激しい
- □ よく眠る、眠気が強い
- □ 眠りから覚めない
- □ 名前や場所がわからず、つじつまの合わないことを言う
- □ ものが見えづらい、ものが二重に見える
- □ 手足に力が入らない、しびれがある
- □ まっすぐに歩けないなど歩行が不安定
- □ 頭痛がだんだんひどくなる

すぐ救急車！

CHECK!
- □ ぶつけた直後からぐったりして泣かない
- □ 反応がなくて意識がない
- □ けいれんしている
- □ 名前を呼んでも反応が鈍く、ぼーっとしている
- □ 意識はあるが手足の左右の動きが違う

抱っこひも

0歳で多く発生！ 脳挫傷などの危険あり

まずは、使用説明書をよく読み、注意事項を把握してから使用することがマスト。装着時には、下記のポイントを必ずチェックしましょう。特に危険なのが前かがみになるとき。必ず子どもを手で支え、転落を防ぎましょう。

○

×

赤ちゃんが
ころんと落ちない
ために
必ず確認！

CHECK!

- □ バックル類の留め忘れはありませんか？
- □ ウエストベルトは腰骨の上ですか？
- □ 全体にベルトのゆるみはありませんか？
- □ お子さんの位置は下すぎませんか？
- □ お子さんは苦しくありませんか？

＊東京都生活文化局「抱っこひもからの転落事故に気を付けて！」2016

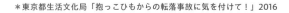

抱っこで自転車

ひとたび転倒すると リスクは甚大

抱っこやおんぶをしての自転車の転倒で怖いのが、頭のケガのリスクが高いこと。とくに抱っこをして自転車に乗るのは法律違反です。ほかに選択肢がないことはわかりますが、重大事故につながることを理解しましょう。

階段

ガードをつけて転落を防止

ハイハイやつかまり立ちを始めたら、階段にベビーゲートなどを設置して転落を予防しましょう。歩けるようになったら、階段のステップに滑り止めをつけることも大切です。

ベッド

ベビーベッドや おむつ台、ソファにも注意

ベビーベッドは、柵を上げる習慣をつけて。おとな用のベッドやソファには寝かせず、ショッピングモールなどのおむつ交換台からの転落にも注意しましょう。ベッドガードは、すき間に挟まり窒息する危険があるため、２歳未満は使用しないようにします。

抱っこひも＋自転車という子育てアイテムに高リスク

子どもの事故、特に頭のケガの原因のひとつとなるのが、「転落」です。どこから「転落」するかに関しては、乳児ではベッドやソファ、1歳を過ぎると階段、2歳過ぎになると椅子やテーブルのほか自転車の補助椅子や滑り台からの転落が増えてきます。

2つ事例を紹介しましょう。まずは知人の体験です。

事例

2歳の男児。母親が夕食の準備中、大きな音がしたのでリビングを見ると、男児が飾り棚の前でガラスまみれになってうつ伏せに倒れていた。救急車で搬送され、こめかみを4針縫った。

状況からの推測で、飾り棚の置物を触りたくて、キャスター付き椅子に乗り、立ち上がるときにバランスを崩して頭からガラス戸に倒れかかり、そのまま床まで落下した模様。医者からは、「4針で済んだのは奇跡」と言われた。

おとなが使う家具からの転落だけでなく、子ども専用の家具からの転落事故も少なくありません。

事例

11か月の男児。母親がベビーベッドに寝かしつけ、落ちないように柵もきちんと上げて、台所で洗い物をしていた。急に泣き声がしたので見に行くと、ベッドの中にいたはずの男児が畳の床に倒れて泣いていた。おでこに傷があり、嘔吐はなかったが心配になり医療機関を受診。左おでこにあざがあったが意識や手足の動きなども正常で、経過観察となった（＊2）。

この事例[*2]では柵をしていたにもかかわらず、子どもがベビーベッドから転落しました。実はこのベビーベッドは、床板の高さを調節できるタイプで柵に横木が渡してありました。赤ちゃんは日々発達していくもの。気づいたらつかまり立ちができるようになり、30㎝程度であれば簡単に足をかけられるようになるのです。この事例も、おそらく、目を覚ました子どもが横棒に足をかけてベビーベッドの外をのぞいているうちに頭の重みでバランスを崩し、柵を越えて転落したと推定されます。

このことから、ベビーベッドを選ぶ際は、横木がないものを選ぶのがよさそうです。

乳幼児の身体の性質上、頭が大きく重心が高いために頭をケガすることが多く、頭を守る頭蓋骨も薄いため、頭蓋骨骨折や頭蓋内出血などにつながる危険性があることは知っておいてほしいです。

特にハイリスクなのが、２歳未満は90㎝以上、２歳以上だと１５０㎝以上の高さからの転落です。赤ちゃんにとって90㎝とは、おとなが立った状

＊2　子どもの安全研究グループ「ベビーベッドの転落事故」

態で抱っこされている高さにあたり、[*3]**我々医療者が頭部CTなどで骨折や出血の有無を確認する判断基準のひとつ**となります。

おとなが、赤ちゃんを抱っこやおんぶしていて誤って落としてしまうと、90㎝以上の高さからの転落となり、重篤な事故につながりかねないことは知っておくとよいでしょう。

乳児の転落で要注意なのが抱っこひもなどの乳児用品

乳児の転落で注意すべきなのが、抱っこひもなど乳児用品からの転落です。これは意外に多く、生後3か月未満の乳児の頭部のケガで入院したケース（35例）の[*4]**約半数（13例）が、抱っこひもやスリングなど乳幼児用品**だったという報告もあります。

ワンオペで育児をしなくてはならないが故の、事故も発生しています。

＊3 Kuppermann N.,et al., Identification of children at very low risk of clinically-important brain injuries after head trauma: a prospective cohort study. Lancet,2009;374(9696)

＊4 平石のぞみ他「入院を要した乳児期早期の頭部外傷における受傷機転の特徴と予防策の検討」『外来小児科』2016,19(3)

事例

生後4か月の男児。抱っこひもで前抱っこして外出。空港リムジンバスの券売機前で、券を購入しようとカバンから財布を取り出そうと前かがみになったときに、抱っこひものわきから男児が転落。頭部をコンクリートの地面に打ち付けた。すぐに空港職員に声をかけて救急要請をしてもらい、近くの病院へ搬送。外傷性くも膜下出血を起こしていたが、頭部CTなどで出血の増悪などは認められず、5日後に後遺症を残すことなく退院した（＊5）。

少し古い報告になりますが、アメリカでも、保護者が抱っこひもなどのベビーキャリアを着用していて起こした赤ちゃんのケガのうち、[*6] **74・5％が頭部外傷で、18％で入院が必要だった**という報告もあり、乳児の頭部のケガの多くが抱っこひもなど

に関わることであること、抱っこひもによる事故では頭のケガが多いことがわかります。

注意すべきなのは、これらの事故は思った以上に重篤なケースが少なくないことです。実際に、私も日常診療で、赤ちゃんが抱っこひもから転落して頭をぶつけ、骨折してしまった事例を複数経験しています。

これらの事故を防ぐためには、34ページでも紹介したように、抱っこひもの説明書をきちんと読み、正しい装着方法、前かがみの姿勢などに注意を払うことが必要です。もちろん、装着者への「気をつけましょう」という注意喚起だけでなく、前かがみになっても赤ちゃんがずり落ちない製品の普及も求められます。

「抱っこで自転車」は命に関わる危険も！

転落に関して、抱っこひもでのもうひとつの重大な事故が抱っこやおん

＊5 日本小児科学会こどもの生活環境改善委員会Injury Alert（傷害速報）「No.41抱っこ紐からの転落による頭部外傷」2013より引用、一部改変

＊6 Frisbee SJ.,et al.,Adult-worn child carriers: a potential risk for injury. Inj Prev.2000. 6(1)

ぶをしての自転車の転倒です。

事例

生後7か月の男児。保護者が抱っこひもに子どもを対面抱っこして自転車に乗り、ゆっくりと走行していたところ、風にあおられた際に自転車が右に倒れ、保護者は前のめりに転倒した。地面はコンクリート。とっさに保護者が子どもの後頭部を押さえたが、押さえきれず右頭部を打撲した。子どもは頭部打撲後、すぐに泣いた。後頭部に陥没があり、頭蓋骨骨折で7日間入院となった（＊7）。

日本では、道路交通法で前抱っこして自転車に乗ることは法令違反とされています。しかし、特に東京などの大都市の場合、車がなく、かつ子どもが複数人いて、保育施設に歩いて送りに行けないときなどには、自転車での送迎は珍しくありません。[＊7]**国民生活センタ**

ーが2022年に1000人を対象に行ったアンケートでも、子どもを前抱っこして自転車に同乗させた人の半数以上が、法令違反になることを認識していました。けれど、「ほかに適切な移動手段がない」（45・5％）こと、また市販されている自転車の幼児用座席や自転車用ヘルメットの対象年齢は1歳以上となっていることなどからやむをえず乗車したために、「抱っこして自転車に同乗させていたときに転倒した」「抱っこしていた子どもが転落した」「あるいはそれらの恐れがあった」とした人は、61・8％に及びました。

この結果を見ても、保護者の苦衷の状況が理解できますが、小児科医としては、まずフラットにリスクをお伝えしたたうえでこの課題について考えたいと思います。

前抱っこもしくは、おんぶでの自転車での頭部事故に関しては、ある実験が報告されています。

この実験では、転倒時に床面にかかる力を、成人と乳児のダミー人形の

＊7 国民生活センター「こどもを抱っこして自転車に乗ることは危険です - 転倒・転落によりこどもが頭部に重篤なけがをすることも - 」2022

「抱っこで自転車」の理由

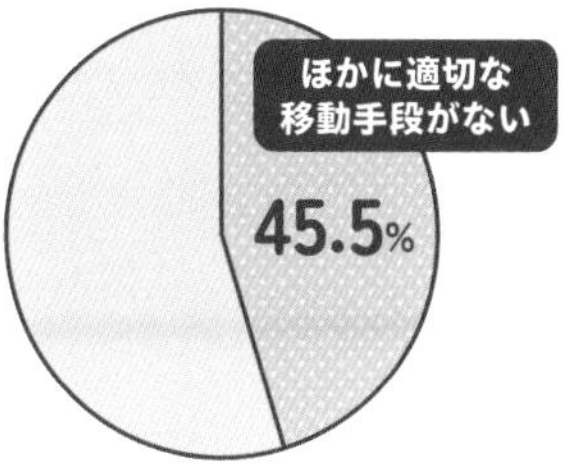

「抱っこで自転車」のときのヒヤリ体験

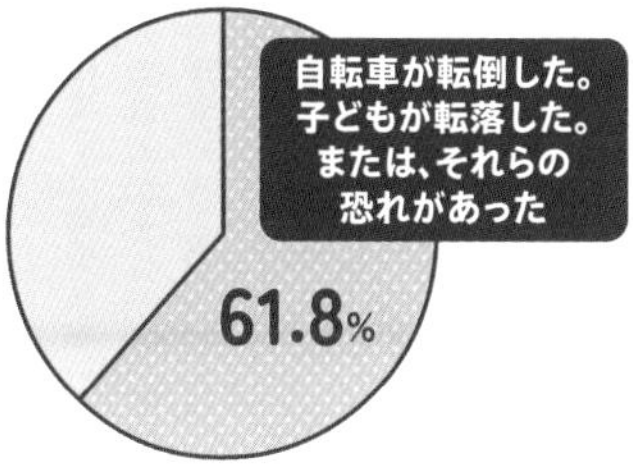

頭部にセンサーをつけて測定しました。その結果、[*8]**転倒時に頭部にかかる荷重は、頭蓋骨骨折リスクとなる基準の2・2～3・5倍に達し**、ひとたび転倒事故が起きると非常に大きなリスクとなることがわかりました。

特におんぶの場合にその衝撃はより強く、その理由として、前抱っこの場合には成人の身体が干渉して前胸部付近で止まるのに対し、おんぶの場合には成人と干渉する部分がないのでそのまま飛び出して地面と激突するリスクがあるためと考えられました。もっとも、先ほどご紹介したように、前抱っこでも死亡事故が起きているため、いずれにせよ赤ちゃんを抱っこやおんぶして自転車に乗るリスクはかなり高いことがわかります。

では、子どもを抱っこやおんぶをした状態での自転車事故を防ぐ方法はないものでしょうか。

確実なのは、乳児を抱っこやおんぶして自転車に乗ることを全面禁止にすることです。とはいえ、「危ないとわかっているけどほかに選択肢がない」というケースもあり、禁止するだけでは問題は解決できません。

*8 野村理、宮崎祐介他「保護者の自転車に子守帯を用いて同乗した乳児の外傷」『日本小児科学会雑誌』2019.123(5)

具体的な対応策のひとつとして考えられるのは、海外で使われているチャイルドトレーラーでしょうか。チャイルドトレーラーは重心が低いため安定性が高く、親の自転車の車輪に巻き込まれるリスクもありません。落下しても高さが低いことから、事故予防という点からもメリットは大きいとされ、欧米を中心に市民権を得ています。トレーラー全体が風防や幌で覆われているため、雨風をしのげるなどの利便性もあります。

しかしながら日本ではチャイルドトレーラーが「軽車両」の区分になるため車道走行が原則になります。自転車通行可のマークがある場所も通れず、一般的な駐輪場に止められないなどがデメリットと言えそうです。まだなじみの薄い日本では心理的にもハードルが高いかもしれません。新しいデバイスが広まる際には、認識されていなかった事故が明らかになることもあり、メリットとデメリットを考える必要があります。

そのうえで、場合によっては交通手段の金銭的補助や、乳児用トレーラーを安全に使える環境の整備などが求められると言えるでしょう。

窓やベランダから 落ちる（墜落）

- **特に男の子に多く**（約6割）発生しています！
- 春から夏、秋に多く発生している
- 4歳児までが墜落事故の65％を占めている
- 特に1～2歳に多い
- **入院や重症化のリスク**が非常に高い

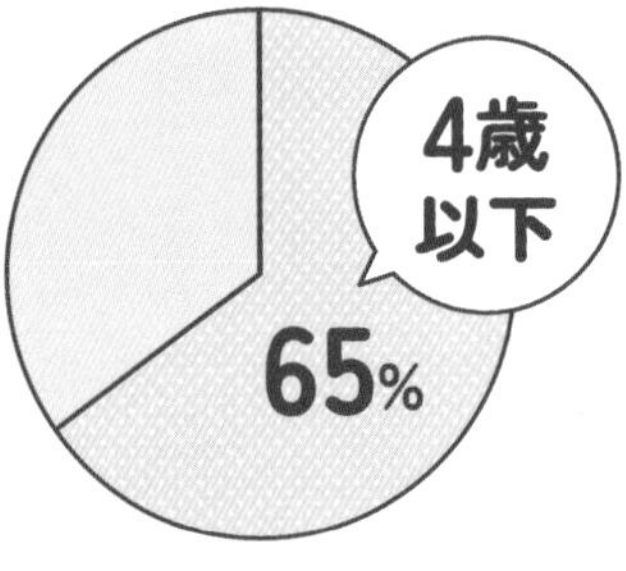

＊1
Harris V.A.,et al., Pediatric Injuries Attributable to Falls From Windows in the United States in 1990–2008. Pediatrics, 2011. 128(3)

なぜ危ないの?

重篤な頭のケガに直結 最悪、命を落とすことも

窓やベランダなどの高所からの墜落事故は1～2歳の歩き始めから増え始め、3～4歳で最多になります。墜落で怖いのは頭のケガに直結し、重症化するリスク、最悪の場合は死亡につながるケースがあることです。

4歳以下の子どもは5歳以上に比べて頭にケガを負うリスクが3・2倍、入院や重症化のリスクも1・6倍とのデータもあります（＊1）。

一方、5歳以上になると窓をよじ登るなど危険行動と関係した事故も増えるため、年齢を問わない対策が必要です。

事故に気づいたら

頭をぶつけたり、骨折したりしている可能性があります。道路上や危険な場所でなければ、基本的には動かさずに、その場で救急車を待ちましょう。

急いで救急車

救急車を待つ間に

反応がない

CHECK!

- □ AEDを準備する。胸骨圧迫と人工呼吸による心肺蘇生を行う

心肺蘇生

胸部圧迫

繰り返す

人工呼吸

反応がある

CHECK!

- □ 頭に傷ができていないか確認する
- □ 出血があれば傷口を清潔なタオルなどで押さえて止血。傷がなければ患部を冷やす

詳しくは4ページと6ページに

万が一に備えて、事前に講習会などで心肺蘇生のやり方を学んでおくとよいでしょう。

窓やベランダから落ちるを防ぐためにおうちでできること

窓

今すぐ確認！
あなたのおうちは大丈夫？

網戸に寄りかかって落ちることも

墜落の70％は窓からというデータも(＊2)。窓や網戸に寄りかからせない、窓枠や出窓に座って遊ばせないことはもちろん、子どもの手の届かない位置に補助鍵をつける、網戸の強度や外れやすくないかなどの定期的な点検を徹底しましょう。

CHECK!

- □ 2階以上の窓には転落防止柵を設置
- □ 窓にインナーロックをつけて10㎝以上開かないようにする
- □ 網戸は強度が弱い。子どもの墜落防止にはならない
- □ ベランダや非常階段で遊ばせない
- □ 窓の近くに子どもが乗ったりのぼったりしそうな家具を置かない

＊2　消費者庁「窓やベランダからの子どもの転落事故に御注意ください！」2018

ひとりで留守番させない

ほんの10秒が命取りになる可能性も

「昼寝しているから」「ちょっとゴミ捨てに」と、子どもだけを残して外出するのは絶対ＮＧ。保護者がいないと気づくと、子どもは不安になって家中を探し回り、椅子を移動させて窓などの鍵を開けたり、ベランダから外の様子をのぞき込んだりする危険があります。

近くに台や椅子を置かない

窓の近くには足場になるものを置かない

子どもがベッドやソファなどの家具によじ登り、室内の窓から転落する事故もよく起こります。窓に近い場所には、子どもの足場になるような家具やものは置かないように、部屋のレイアウトなどを工夫しましょう。

ベランダ

子どもは、踏み台がなくても120㎝の手すりをよじ登れます

子どもは、踏み台がなくても、おとなが思っている以上に高い場所によじ登れます。右の項目のほか、ベランダの手すりは足がかりにならないデザインにし、ベランダには極力ものを置かない、ベランダのある部屋に子どもをひとりにしないなど、いくつもの予防策を重層的に行いましょう。

＼ 徹底しよう！ ／

CHECK!

- □ 子どもだけを置いて外出しない
- □ 子どもひとりでベランダに出さない
- □ ベランダを子どもの遊び場にしない
- □ ベランダの出入り口には、子どもの手の届かない高さにインナーロックを設置する
- □ ベランダに足がかりになるような箱や家具を置かない
- □ エアコンの室外機は、可能であれば、手すりから60㎝以上離すか上から吊して設置

＊3　政府広報オンライン
「ご注意ください！窓やベランダからのこどもの転落事故」2023

ベランダから落ちるを防ぐために
今すぐ知っておきたい事故の発生状況

こんなときに
事故が
起きていた!

子どもをベランダで遊ばせていた

子どもがベランダで遊んでいるときに墜落事故が多数発生。

＊東京都生活文化局「子供のベランダからの転落事故に注意！」2018

こんなときに
事故が
起きていた！

少しの間、子どもを部屋にひとりにさせていた

ゴミ出しや買い物などのため、少しの間子どもをひとりきりにさせていたところ、子どもが自分でベランダに出てしまい、墜落事故が発生。

こんなときに
事故が
起きていた！

3

ベランダの外に興味をひかれて

ベランダの外の自動車や動物などを見るため、また家族の見送りをするため、手すりによじ登り、墜落事故が発生。

こんなときに
事故が
起きていた！

4

洗濯物や布団を干していた

おとなが洗濯物などを干しているときに子どもがベランダに出たり、子ども自身が布団を干していたときにも墜落事故が発生。

日頃からの対策で子どもの命を守ろう

子どもの頭のケガで、命に関わる危険性がもっとも高いのが、窓やベランダからの墜落です。これに関しては毎年、痛ましい事故が起きています。

●２０２２年10月、東京都内の14階建て集合住宅の12階の外廊下から、５歳の子どもが墜落して死亡。

●２０２２年11月　千葉県内の48階建てマンションの25階のベランダから２歳の子どもが墜落して死亡。

●２０２３年３月　愛知県内のマンション7階の窓から、２歳の双子男児が墜落して死亡。

もう少し詳細な事例をいくつか紹介しましょう。

事例

7歳の男児。窓枠に腰かけて網戸に寄りかかっていたら、網戸が外れて転落。窓は床から60㎝の高さで、窓枠まで10㎝程度の子どもが座れる奥行きがあった。子どもは、5m下のコンクリートに落ち、全身打撲。肝損傷の疑いで約2日間の入院となった（＊3）。

事例

4歳の男児。保護者が1階のキッチンで夕食の支度をしていたところ、庭で大きな音がして、子どもの泣き声が聞こえたため見に行くと、2階のベランダから転落した模様で泣いていた。ベランダには高さ90㎝の柵があったが、床から50㎝の位置に飾りがあり、足をかけて登ることができた。全身を打撲したなどで、3日間の入院となった（＊3）。

事例

5歳の男児。家族を見送るために、ベランダの手すりに鉄棒の前回りのときのようにつかまっていたところ、前のめりになって地上に転落した（＊3）。

これらの事例から、早くはひとり歩きを始める1歳から、思いもかけない場面で、重篤な事故が起きているのがおわかりいただけるかと思います。

ひとり歩きを始める1〜2歳から4歳以下の子どもに多発

墜落でまず知っていただきたいのが、4歳までが全体の65％を占めるこ[＊1]

と。さらには、もっとも多いのが1～2歳と、小さい子どもに多いことです。性別では男子、また春から夏、秋が多いこともわかっています。墜落は2階の窓からが約6割でもっとも多く、次いで1階の窓が3割とされています。

また4歳以下の子どもの特徴として、5歳以上に比べて頭のケガを追うリスクが3・2倍高く、入院や重症化のリスクも1・6倍高くなることがあげられます。これは、墜落するときに頭が重くて下になりやすく、手で頭を守るなどの防御能力も乏しいこと、また、好奇心や自我、知的好奇心が芽生える一方で危険感知能力が乏しく、「ここから落ちたら」「これ以上乗り出したら」危険という予想ができない点が関連している可能性があります。

5歳以上の子どもでは、4割近くが窓の外をよじ登ったり、窓からジャンプするなど危険行動と関係していることもわかっています。

少子化もあり転落死者数は減でも、家庭での対策は必須

日本で発生している転落事故について、グラフ❶**2011年から2019年までの厚生労働省の人口動態調査のデータを集計**してみました。

すると、14歳以下の子どもの転落死亡事故は7年間に113件起きていましたが、年齢別では1〜4歳が47件と最多で、10〜14歳が41件、5〜9歳で23件の順となっていました。

このデータから、転倒死亡事故が多いのは、就学前までの乳幼児と小学校高学年以上の児童だとわかります。

一方で全体の傾向としては年々死亡事故は減っていることもわかります。減っている理由として、急速に少子化が進んでいることも影響していると思われますが、住宅建築の安全性の進歩など、家庭での環境整備が進んでいる可能性も考えられます。

しかし、死亡事故にまで至らずともケガを負うケースはまだまだありま

グラフ❶　14歳以下の転落死の件数変化

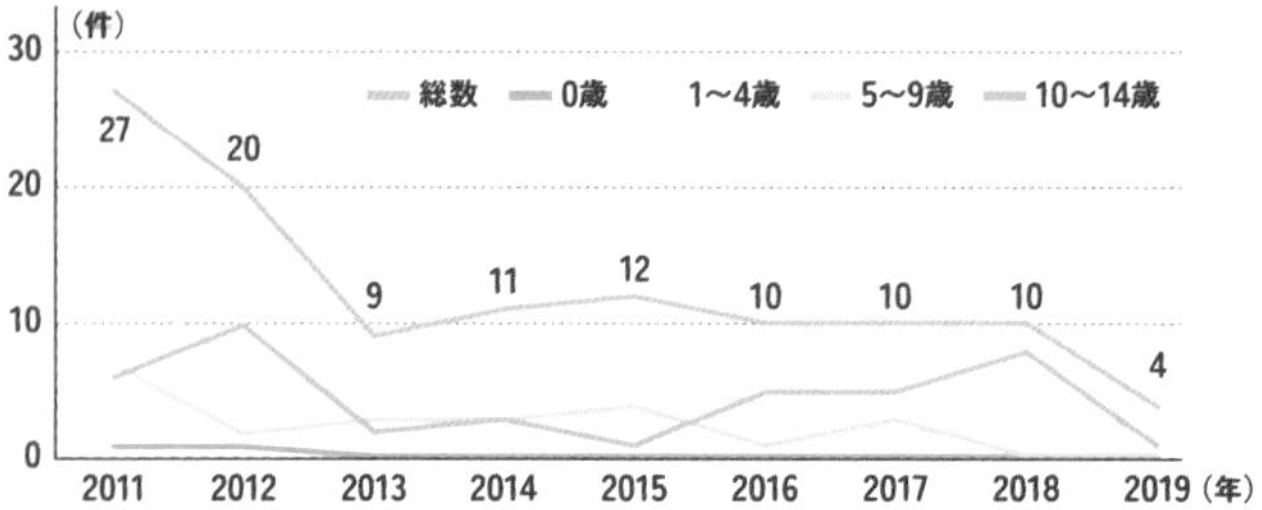

厚生労働省「人口動態統計、主な不慮の事故の種類別にみた年齢別死亡数（2011~2019年）」より筆者作成

すので、予防策をとることは引き続き大切です。

自分の身長より高い柵も子どもは乗り越えられる！

ベランダや窓からの墜落で怖いのが、「まさか、こんなことが」という思いこみです。

「この高さでは、乗り越えられないだろう」という思いこみに関しては、[*4]**一般的なベランダの手すりの高さ（110㎝）を子どもが登れるかを調べるため、子どもの年齢や手すりの形状などの条件を変えて行った東京都の実験**があります。その結果は、

・2歳児　足がかりを利用して登ることができた子どもがいた
・4歳児　平均すると7割近くの子どもが登ることができた
・6歳児　ほぼすべての子どもが登ることができた

というものでした。

＊4　東京くらしWEB「ベランダの手すりに関する実験」「STOP！子供のベランダ転落事故～事故防止のポイントを動画で呼びかけ～」2022

自分の身長より高い高さでも、素足を柵に貼りつけるようにして登ってしまう子どもがいた、との報告もあるので、「この高さなら乗り越えられないだろう」などとの思いこみは厳禁です。

窓にはガードを、ベランダには出ない、を徹底

子どもの墜落を防ぐには、保護者の「見守り」や「目を離さないように」といった声かけだけでは不十分で、根拠のある予防策が大切です。

子どもの墜落の多くが「窓」からであることはお伝えしましたが、そのことに関して、アメリカで成功したキャンペーンがあります。ボストンで行われた「Kids Can't Fly」というキャンペーンで、保護者への教育を進め、家主に窓ガード設置を義務化することなどを定めた条例が設けられました。

7歳以下の子どもがいる家庭では、2階以上のすべての窓と、1階であっても3・6m以上の高さにある窓には、窓ガードの装着が義務化されま

＊5 Spiegel CN.,et al.,Children can't fly:a program to prevent childhood morbidity and mortality from window falls. Am J Public Health,1977. 67(12)

した。不動産管理会社もこのキャンペーンに積極的に関与したことにより、非常に大きな効果があり、[*5]**開始から2年間で、ボストンの窓からの転落は最大82%も減少しました。**

日本でも、ホームセンターなどで購入できる窓ガードは有用だと考えます。火災時などに脱出を妨げることがないよう、いざというときはおとなの力で取り外しができるなど注意も大事です。そのうえで、48~49ページの対策を取り入れ、複数の対策を重ねることでリスクを下げることができます。ベランダに関しては、そもそも子どもがベランダに出るのを禁止する、くらいのルールづくりがあってもよいと思います。理解できる年齢の子どもには、高所からの墜落の危険性をわかりやすく教えるのは、大事な教育のひとつだと思います。

ベランダでの子どもが墜落しそうになった「ヒヤリハット」経験

●どんなふうにして？

手すりの上を乗り越えた、乗り越えそうになった　53.3%

手すりのすき間をすり抜けた、すり抜けそうになった　17.3%

●子どもが「ヒヤリハット」行動したきっかけは何？

手すりで遊んでいた　19.4%

外に子どもの興味を惹くものがあった　18.3%

足がかりになるものが置いてあった　18.3%

●そのとき親はどこにいた？

子どもの近くにいた　78.7%

東京都生活文化スポーツ局「ベランダからの子供の転落防止に関するアンケート調査報告書」2023

転んでゴツッと

頭をぶつける（転倒）

- **ハイハイを始めたら、**
  転倒に注意
- つかまり立ちをなどで、
  バランスを崩しやすい
- 転倒した拍子に、
  家具などに頭をぶつける
- 歩行器では、
  歩行器ごと転ぶ危険も
- 乳幼児は頭が重く、転倒すると
  頭から転んでケガにつながる

なぜ危ないの？

**頭が重い乳幼児は、頭から転び
ぶつけてケガをすることに**

乳幼児でもっとも多い事故が、転倒です。乳幼児は頭が大きくて重心が高いため、身体のバランスを崩すとたいてい頭をぶつけることになります。なかには骨折や頭蓋内出血につながることもあるので、注意が必要です。転倒そのものを予防することは難しいですが、転んでも大きなケガにつながらないよう、ハイハイ歩きをし始めたら、成長発達に応じて家の中の安全環境を整えましょう。

頭をぶつけたら

まず確認！ 24時間は注意して様子を観察する

CHECK!

- □ 頭に傷ができていないか確認する
- □ 出血があれば傷口を清潔なタオルなどで押さえて止血。傷がなければ患部を冷やす
- □ ぶつけた後は、長時間の外出を避け、自宅でゆっくり過ごす
- □ 直後に症状が出ないこともある。子どもの様子が変わらないか、24 時間は注意して観察する
- □ 眠っているのかわからなければ、起こして意識を確認する

診療時間内に受診

CHECK!

- □ 普段通りに泣き、手足を左右差なく動かす
- □ 泣きやんだら、普段通りに過ごしている
- □ 嘔吐が 1～2回のみ

すぐに受診！

CHECK!

- □ 繰り返し吐く
- □ 不機嫌でぐずり方が激しい
- □ よく眠る、眠気が強い
- □ 眠りから覚めない
- □ 名前や場所がわからず、つじつまの合わないことを言う
- □ ものが見えづらい、ものが二重に見える
- □ 手足に力が入らない、しびれがある
- □ まっすぐに歩けないなど歩行が不安定
- □ 頭痛がだんだんひどくなる

すぐ救急車！

CHECK!

- □ ぶつけた直後にぐったりして泣かない
- □ 反応がなくて意識がない
- □ けいれんしている
- □ 名前を呼んでも反応が鈍く、ぼーっとしている
- □ 意識はあるが手足の左右の動きが違う

ゴッと頭をぶつけても大きなケガにならないためにおうちでできること

歩き始めたら

歩行器は使わない

バランスを崩して転倒の可能性も

ハイハイ、つかまり立ち、伝い歩きをするようになると、早く歩けるようにと歩行器を使う人がいるかもしれません。けれど、赤ちゃんが歩けるのは、歩くための筋肉が十分に発達してこそ。その前に無理に歩行器の力を借りて歩かせると、バランスを崩して転倒する危険にもつながりかねません。アメリカ小児科学会は「歩行器は転倒・転落などのリスクを高めるが、子どもの歩行を促す効果はなく、メリットがない」として、保護者に使用を控えるよう伝えています（＊）。

＊AAP website.Baby Walikers:A Dangerous Choice(LastUpdate2022)

ハイハイ
つかまり立ち

家具の角にクッションカバー

角や突起にカバーをつけて、ケガを予防

子どもの転倒で怖いのが、家具や突起物などにぶつかってケガをすることです。あらかじめ、ぶつかると危ない家具や家電製品などの角には、クッション性のあるカバーをつけておくことをおすすめします。角にはめるもの、テープ状のものなどがあり、100円ショップでも手に入ります。

●テーブル　●棚　●テレビなど

車に乗るときは

必ずチャイルドシートに座らせる

必ず助手席側の後部座席に設置

自動車事故では頭をぶつけることが多くあります。道路交通法では、６歳未満の子どもを自動車に乗せて運転する場合は、チャイルドシートの使用が義務づけられています。エアバッグとの間に挟まれないよう、助手席側の後部座席に確実に固定し、正しく着座させることが大切です。

ごっつん防止クッションを使用

転倒から頭のケガを防ぐ便利グッズの活用も

お座りからしっかり歩けるようになるまでは、後ろに転がったり、尻もちをついて後頭部を打ったりしがち。後頭部への衝撃を和らげる方法のひとつとして最近人気なのが、背中に背負うごっつん防止クッションです。ただし、これだけで完全にケガを防止できるわけではないので、他の対策と合わせて、オプションとして使うのが望ましいでしょう。

転倒しても大きなケガにつながらないよう家の中の環境を整えよう

転倒は、乳幼児でよくある事故です。**表❶の令和3年の救急搬送データ**をまとめた東京消防庁の報告では、5歳以下の事故種別ごとの搬送人員で転倒が2番目に多いことがわかります。状況にはバリエーションがありますが、病院に来る理由としては、転んだり落ちたりした結果、「頭をぶつけた」が多いです。子どもは頭が大きく重心が高いので、身体のバランスを崩すと頭をぶつけることが多くなるためです。

実際の例では

● **テレビに映っている動物に触ろうとテレビに触り、テレビごと倒れた。**

など、ちょっとしたすきに、思いがけない事故につながる危険があります。

表❶　5歳以下の事故種別救急搬送人員と中等症以上の割合(令和3年中)

事故種別	落ちる	転ぶ	ものが詰まる	ぶつかる	やけど	挟む挟まれる	切る・刺さる	噛まれる・刺される	溺れる
救急搬送人員	2331人	2195人	1174人	930人	369人	281人	169人	49人	23人
中等症以上の人数	320人	212人	136人	74人	84人	23人	19人	0人	15人
中等症以上の割合	13.7%	9.7%	11.6%	8.0%	22.8%	8.2%	11.2%	0.0%	65.2%

＊東京消防庁「STOP!子どもの事故」2023

ハイハイを始めたら家中の安全を見直そう

転倒そのものを予防することは難しいですが、転んでも大きな事故につながらないよう、成長発達に応じて環境を整えることが大切です。たとえば、ぶつかってもケガをしないように家具に保護カバーをつける、キャスター付き椅子など転倒する恐れのある器具に注意する、歩行器は使わない、子どもがつかまりやすいテレビなどの家電類は倒れないように固定するなど、家の中を見直しましょう。

チャイルドシートは正しい装着方法で

6歳未満の子どもと車でお出かけする際に必要なのが、チャイルドシートです。使用する際は、対象年齢（体重や身長）に合ったものを選び、取扱説明書をよく読んで、車に確実に取りつけ、子どもを正しく着座させることが重要です。

取りつける座席としては、基本的に助手席にエアバッグが装着されているケースが多いため、後部座席に取りつけます。万が一の場合、エアバッグとチャイルドシートの間に挟まれる危険があるためです。

また、生後間もない赤ちゃんの未熟な身体を守るため、新安全基準では、生後15か月未満まで後ろ向きシートを使用するように定められています。

なお、**アメリカ小児科学会**[*1]**では、厚手の防寒具などを着てチャイルドシートを装着していると、ハーネスと子どもの身体の間にすき間ができて、交通事故が起きて強い衝撃があると身体がベルトをすり抜けてしまう可能性がある、と警告**しています。冬などの寒い時期には、チャイルドシートを装着した上から防寒具の代わりにコートや毛布をかけるのが望ましいと覚えておくとよいでしょう。

＊1 AAP Winter Safety Tips:Puffy Coats Should Not Be Worn in Car Seats,2021

COLUMN

たんこぶができたけど……

「頭をぶつけたけど、たんこぶができたから大丈夫」という言葉を聞いたことはありませんか？　医療者からすれば何の根拠もない話ですが、信じている方も多いようです。

たんこぶは、頭をぶつけたときにできる皮下出血です。子どもは頭の皮膚がおとなより薄く、その割に血流が豊富なので、おとなよりもたんこぶができやすい傾向があります。

そうはいっても、「たんこぶができたから、安心」ということにはなりません。大きなたんこぶであればあるほどぶつけた衝撃が大きい、ということになり、注意が必要です。たんこぶだけで大あわてで救急車を呼ぶ必要はないかもしれませんが、24時間は注意深く子どもの様子を観察し、気になる点があれば診療機関にご相談ください。

口の中

ボタン電池などの

①モノを飲みこむ

(異物誤飲《いぶつごいん》)

タバコや医薬品などの

②モノを食べた(中毒)

豆類やミニトマトなどが

③のどに詰まる(窒息)

歯ブラシで

④のどを突く

「誤飲」や「中毒」を見つけたら状況の確認を「窒息」は急いで詰まったものを吐かせましょう

「口」に関しての子どもの事故は、非常に多岐にわたります。なかでも、入院に至る割合が高いのが「窒息」と「異物誤飲」で、内容も対処法も大きく変わるため注意が必要です。もっとも緊急性が高いのが「窒息」です。急いで救急車を呼び、待っている間に詰まったものを吐かせます。

逆に「異物誤飲」や「中毒」の場合は**吐かせない**ことが重要です。「灯油」「殺虫剤」「農薬」「除光液」が原因と思われる場合は救急車を呼び、「ボタン電池」や「鋭利な異物」「磁石」「タバコ」「薬」を飲みこんだ場合は、すぐに総合病院を受診しましょう。

どちらも大切なのが、子どもが口に異物を入れているのを目撃した場合は、あわてて大声を出さないこと。子どもがびっくりしたり、泣いて飲みこんでしまう場合があるからです。あわてず、優しく言い聞かせ、口から出させましょう。

まったく違うよ！
誤飲＝吐かせない
窒息＝吐かせる
と、覚えておこう

窒息かも!? と疑ったら

迷わず**救急車**

待っている間に詰まったモノを吐かせる

やり方は

誤飲したかも!? と疑ったら

吐かせず、飲ませず、まず病院へ

何か異物を飲みこんだらしくぐったりしている

迷わず**救急車**

何か異物を飲みこんだらしいけど元気

さっきまであったはずのものが見当たらない場合は、飲みこんだ可能性を考えて。

総合病院をすぐ受診

万が一に備えて東京消防庁の動画を見て練習しておこう!

反応がない

1歳未満 → 心肺蘇生 → 101ページへ

1歳以上〜15歳未満 → 心肺蘇生 → 103ページへ

反応がある

1歳未満 → 背部叩打法 ⟷ 胸部突き上げ法（繰り返す） → 100ページへ

1歳以上 → 背部叩打法 → 腹部突き上げ法 → 102ページへ

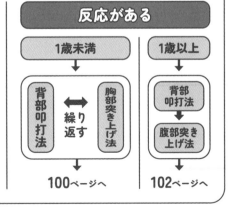

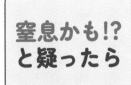

ボタン電池などの モノを飲みこむ（異物誤飲《いぶつごいん》）

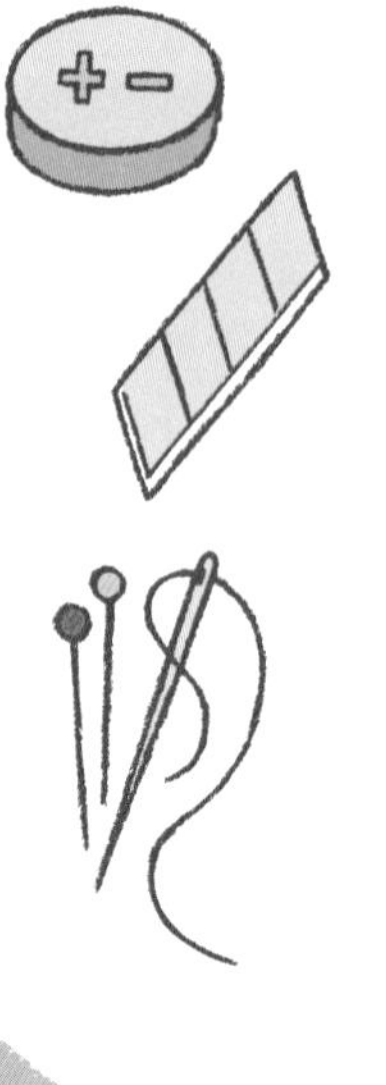

- 生後5か月〜2歳までに多い
- 特に6か月から2歳までの男児に多い
- 誤飲事故の4割はおとなが見ていない
- ボタン電池や磁石、高吸水性樹脂が特に危険

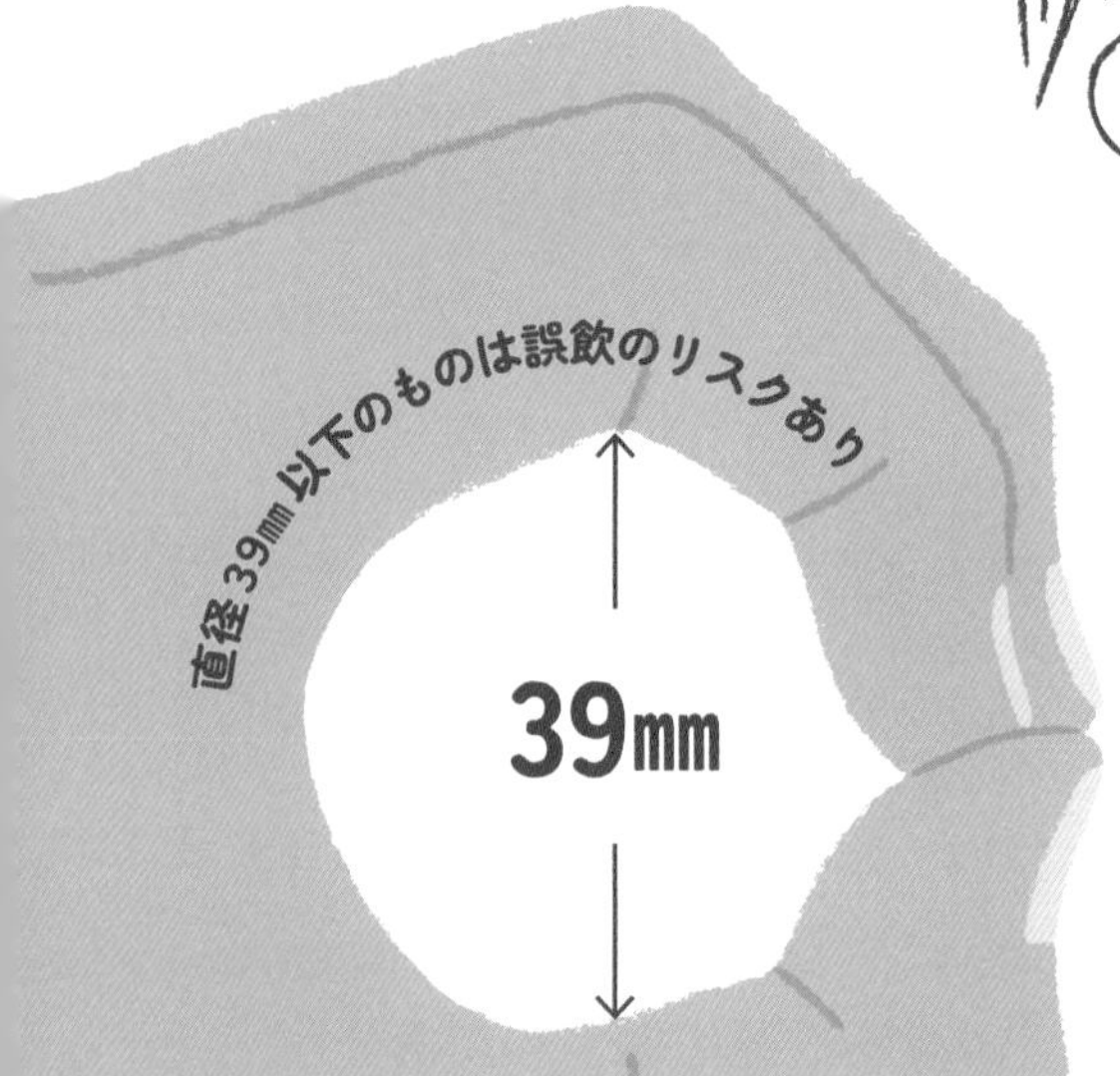

なぜ危ないの？

短時間で食道や胃を損傷し手術が必要な場合も！

異物誤飲は2歳までに多い事故です。異物誤飲の4割は誤飲現場を目撃されていないという報告があります（＊1）。そのため「さっきまであったはずのものがない」場合に誤飲を疑うことは、事故を見逃さないためにも大切です。

異物誤飲で特に怖いのが、ボタン電池と磁石です。飲みこむと短時間で食道や胃を損傷し、場合によっては手術が必要になります。ほかに、保冷剤や芳香剤などに多い高吸水性樹脂や、鋭利な刃物を飲みこんだときも、救急車を呼ぶなど、すぐに受診が必要です。

＊1 Uyemura MC.,Foreign body ingestion in children.Am Fam Physician,2005.72(2)

ボタン電池

食道に引っかかったら危険
緊急手術で一刻を争う場合も

体内で電流が流れ、食道や胃に穴があく

補聴器や体温計、車のキーやキッチンタイマーなどに多用されているボタン電池。同一平面にプラスとマイナス極があるため、飲みこんで食道や胃などの粘膜に張りつくと、体液を介して電流が流れ、粘膜に穴があいてしまいます。飲みこんだ場合は、全身麻酔で内視鏡を使って摘出することも多いです。一刻を争って緊急手術になる場合も。誤飲を疑った際は、すぐに受診してください。

＼もしかして!?と思ったら／

総合病院をすぐ受診

CHECK!

- □ 吐かせない
- □ あれば、電池の情報がわかるものを持参
- □ 電池の種類はリチウム？アルカリ？
- □ 新品？使用済み？
- □ 一緒に磁石を飲みこんでいない？

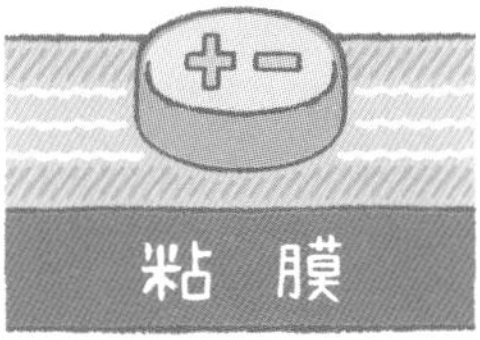

事故を防ぐために

事故を防ぐために触らせない、近づけない工夫を

まずは、家の中のどんなものにボタン電池が使われているかを把握しましょう。また、電池が入る部分のふたをテープなどでぐるぐる巻きにする、子どもの手の届くところに該当製品を置かないことも大切。帰省時などは祖父母などにも注意喚起を忘れずに。

CHECK!

- □ リチウム電池のリスクが特に高いことを知る
- □ おもちゃを購入する際は、STマーク製品など安全に配慮されたものを選ぶ
- □ ボタン電池の保管は、子どもの手の届かない1m以上の高さの場所を選ぶ
- □ 電池の入っている場所のふたが開かないようにする
- □ 帰省時は特に注意する
- □ ボタン電池が使われているものを知っておく

磁石

複数飲みこむと粘膜を挟み込み腸に穴があくことも

もしかして!?と思ったら

総合病院をすぐ受診

CHECK!

- □ 吐かせない
- □ 飲みこんだものと同じ磁石、もしくは製品がわかるものを持参

特にネオジウム磁石のリスクが高い

子どもの知育玩具や肩こり用の健康用品などに使われている磁石。1つでは問題ありませんが。複数を飲みこむと、磁石が引き合って粘膜を挟み、その部分が傷ついて穴があいてしまいます。特に最近多いのがネオジウム磁石による事故。従来の磁石の5倍以上の磁力があり、1つの玩具などに対する使用個数も多いため、1～2個なくなっても気づきにくいのも問題。疑わしい場合は、すぐに総合病院を受診しましょう。

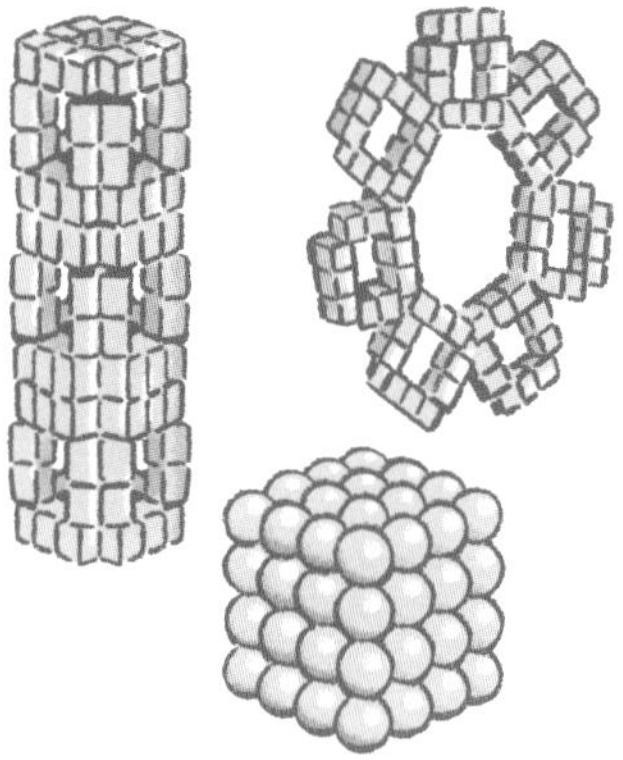

事故を防ぐために

ネオジウム磁石使用製品は使わない

14歳以下の子どものいる家庭では、ネオジウム磁石を使った玩具は使わないことが一番の予防策。肩こり解消用の健康用品などに使われている場合もあるので、帰省時には確認しましょう。

CHECK!

- □ 磁石を誤飲した場合のリスクを知る
- □ 磁石の個数を確認しやすくする工夫をする
- □ 強力な磁石を玩具に用いることを規制する（企業や自治体）
- □ 磁石が使われている日用品を確認する

高吸水性樹脂

保冷剤や芳香剤などに多い
腸内で膨らみ腸閉塞になることも

\ もしかして!?と思ったら /

総合病院をすぐ受診

CHECK!
- □ 吐かせない
- □ 水分を飲ませない
- □ 同じものを持参

小さくても飲みこむとおなかの中で膨張

紙おむつなどに含まれる高吸水性樹脂は、自重の100 ～ 10000倍の水を吸収。飲みこむとお腹の中で膨らみ、腸閉塞を起こして摘出のため手術になる場合も。すぐに総合病院へ。

事故を防ぐために

CHECK!
- □ 園芸用品や芳香剤など、高吸水性樹脂が使われているものを知る
- □ 子どもの手の届かないところ(高さ 1m 以上)に置く

鋭利な刃物

裁縫針やカッターの刃など
消化器官などを傷つける危険あり

\ もしかして!?と思ったら /

総合病院をすぐ受診

CHECK!
- □ 吐かせない
- □ 誤飲したものの詳しい情報を持参

腸管や食道に穴をあけ、内臓損傷の恐れも

刃物だけでなく裁縫針や魚の骨など、鋭利な異物の誤飲で怖いのは、合併症リスクが高まることです。腸管や食道などに穴をあけたり、引っかかったり、ひどい場合は内臓を損傷する恐れもあります。疑われる場合は、すぐに総合病院を受診しましょう。

事故を防ぐために

CHECK!
- □ 子どもの手の届かないところ(高さ 1m 以上)に置く
- □ 使ったらすぐに片づける
- □ 特に帰省時は裁縫針やハサミなどの置き忘れ等に注意

ごっくんしてしまったものは無理に吐かせず病院に行く

生後5か月を過ぎると、子どもは何でも口に入れようとします。それに伴って増えるのが、異物誤飲です。[*1]**特に2歳までの男児に多く、約4割は誤飲現場を目撃されていないという報告**もあります。小さなお子さんのいるご家庭では、「さっきまであったはずのものがない」という場合、まずは誤飲を疑ってみることが、事故を見逃さないためにも大切です。

異物誤飲でまず覚えておきたいのが「吐かせない」こと。既にごっくんと飲みこんでしまった場合は、背中を叩くなどしても出てくることはまずありません。逆に吐かせたものが原因で窒息したり、胃に落ちたものが逆流して食道に引っかかって危険な場合も。誤飲したと思われる同じものや包装などがあれば持参して、すぐに病院を受診するようにしましょう。

異物を口に入れているのを発見したときは、あわてて大声を出さないことも大切です。子どもは叱られたと思って泣き出したり、驚いて飲みこんでしまう場合もあるので、あわてず、優しく言い聞かせ、口から出させるようにしましょう。

緊急性を要するボタン電池の誤飲

異物誤飲のなかでも、特に危険で、急いで病院に行かなければならないのが「ボタン電池」を飲みこんでしまった場合です。

ボタン電池は、キッチンタイマーや時計、懐中電灯、体温計や補聴器、子どものおもちゃなど、家庭内で多く使用されています。同一平面にプラスとマイナス極があるため、飲みこんで食道や胃などの粘膜に張りつくと、体液を介して電流が流れ、粘膜に穴があいてしまいます。

特に、最近多くなっているリチウム電池は電圧が高く、サイズが大きいために食道などに引っかかりやすいです。胃に落ちてもそこから先になかなか落ちていきません。食道の壁は非常に薄く、その裏側には心臓や肺などもあるため、食道に穴があいた場合は一刻を争う事態になります。リチウム電池が登場してから、誤飲リスクは7倍に増えたとの報告[*1]もあるほどです。

治療も、全身麻酔で内視鏡検査、緊急手術を行うなどのおおごとになるため、疑われる場合は、すぐに総合病院を受診してください。

事例

2歳2か月の男児。リビングにきょうだいと一緒にいた。母はキッチンで片づけをしていた。男児の姉が「弟が何か飲んだよ。丸いものを食べてたよ！」と、母に訴えた。母が見に行ってみると、男児は泣いており、気持ち悪そうに唾液を吐いていた。床を見ると、電池を入れていた容器が、ふたが開いている状態で置いてあり、母は男児が電池を飲みこんでしまっ

たのではないかと思った。飲みこめるようなものはほかに床にはなく、ケースの中をよく確認してみると、ボタン電池が1つなくなっているように思えた。すぐに近くの病院を受診し、食道内に異物があることが確認され、小児専門病院に搬送された。全身麻酔で、内視鏡によりコイン形リチウム電池を摘出。食道がひどく腐食しており、約1か月間の入院となった（＊2）。

事例

1歳3か月の女児。自宅室内でひとりでおもちゃで遊んでいて、突然「ギャー」と激しく泣いた。その様子が尋常でない感じだったので、母がすぐに様子を見に行った。原因が見当たらず、わからなかった。母は女児のそばにいなかったので、目撃はしていない。なぜ「何かを飲みこんだと思った」かは、聞いたことがない激しい泣き声だったことと、ケガもしておらず、表面的に痛みを伴う様子がなかったので、何かあるとすればそれかな

＊2　東京都生活文化局「子供に対するコイン形電池等の安全対策」2015

と思った。泣き声は特にかすれたりもなく、喘鳴《ぜんめい》もなく、えずきもなく、食道異物を疑う様子は全くなかったため、誤飲したとは思わなかった。その日の夕食から、飲みこみ時に嘔気《おうけ》と喘鳴が出現。近くの医院では喘息と診断され、内服薬処方で様子をみていたが改善せず、大学病院の小児科を受診。レントゲン検査の結果、食道異物が判明、小児専門病院へ搬送され、手術で摘出。摘出した電池はリチウム電池で、食道内で潰瘍ができていたが、穿孔はしていなかった。事故後、自宅で確認すると、不要なボタン電池を入れていた袋（ビニール袋に入れてテープでぐるぐるに口が閉じてあり、さらにジッパー付きのビニール袋に入れてあった）が元にあった高いところから持ち出されて破られて開封され、中身が取り出された痕跡があった。3歳の兄が疑わしいが、目撃はない（＊2）。

電池挿入口のふたがきちんと閉まっている状態でも、子どもは器用にふたを開けたり、遊んでいるうちに投げたり落としたりしてふたが外れ、中の電池が露出することもあります。また、電池を交換しようとして、一時的にテーブルの上に置いておいたものを口に入れたという事例もあります。

小さなお子さんがいる家庭では、まずは何にボタン電池が使われているかを把握することが事故予防の第一歩。さらに、ふたが開かないようにビニールテープで巻く、手の届かない場所に保管するなど何重にもガードを固め、十分に注意しましょう。

磁石の誤飲は、腸や胃に穴をあけることも

もうひとつ、気をつけなければいけない異物が磁石です。2個以上飲みこむと、食道や胃、腸の粘膜が挟まれて閉塞したり、穴をあけたりする危険があります。特に注意が必要なのが、マグネットセットのネオジウム磁石です。知育玩具などに使われている

小さな磁石が子どもに怖い理由

サイズが小さい	数が多い	磁力が非常に強い
1個の大きさが 3〜5㎜	1セットに 数百個	ネオジウム磁石は一般的なフェライト磁石の 10倍以上
▼	▼	▼
小さな子が 簡単に誤飲	一部がなくなっても 気づきにくい	複数個飲みこむと 腸管を挟み穴があく危険

＊消費者庁消費者安全調査委員会「マグネットボール、キューブ、誤飲すると非常に危険！小さな子に触らせない！」2021

場合もありますが、従来の磁石の5倍の磁力があり、1つの製品に使われている数が多いため、1~2個なくなっても気づきにくいのもリスクです。

[*3] ネオジウム磁石の玩具の登場で、米国では2002年から2011年で誤飲事故が8・5倍に増えた、との報告もあります。

事例

1歳9か月の女児。友人の幼児がマグネットボール玩具で遊んでいたのを見て欲しがったため、4か月前に買い与えた。その後、女児が磁石を口に含んでいることがあったため、保護者は手の届かないところに保管していた。ある日、嘔吐を繰り返したのでかかりつけ医を受診すると、胃腸炎との疑いで薬を処方された。しかし翌日も嘔吐が続いたため、紹介状を書いてもらい他院を受診し、レントゲン検査で腸内に異物が見つかった。その後、別の病院で開腹手術を行ったところ、小腸内の3か所にあった磁石が磁力で引き合い、小腸を挟み込んで、圧迫壊死を起こして穿孔していた。

*3 Kramer RE.,et al., Management of ingested foreign bodies in children:a clinical report of the NASPGHAN Endoscopy Committee.J Pediatr Gastroenterol Nutr,2015.60(4)

*4 国民生活センター「強力な磁石のマグネットボールで誤飲事故が発生」2018

腹腔内からは直径３㎜の磁石37個を摘出した（＊４）。

家庭内で気をつけるだけでなく、強力な磁石をおもちゃに用いることを規制したり、磁石の個数を確認しやすい工夫など、企業側の努力も求められます。

胃の中で膨らみ腸閉塞を起こす高吸水性樹脂

市販品では吸水性樹脂や吸水性ポリマー、アクリルポリマーとも呼ばれる高吸水性樹脂も、注意が必要なもののひとつです。紙おむつや生理用品のほか、保冷剤やカラフルな色づけをした芳香剤や消臭剤、インテリア用品、虫除け用品などに使われています。

この製品が怖いのは、飲みこむときは小さくても、身体内の

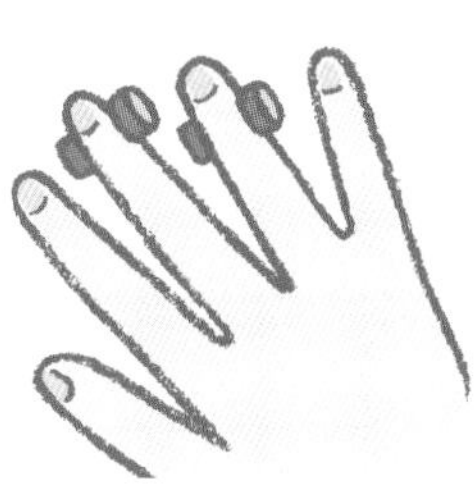

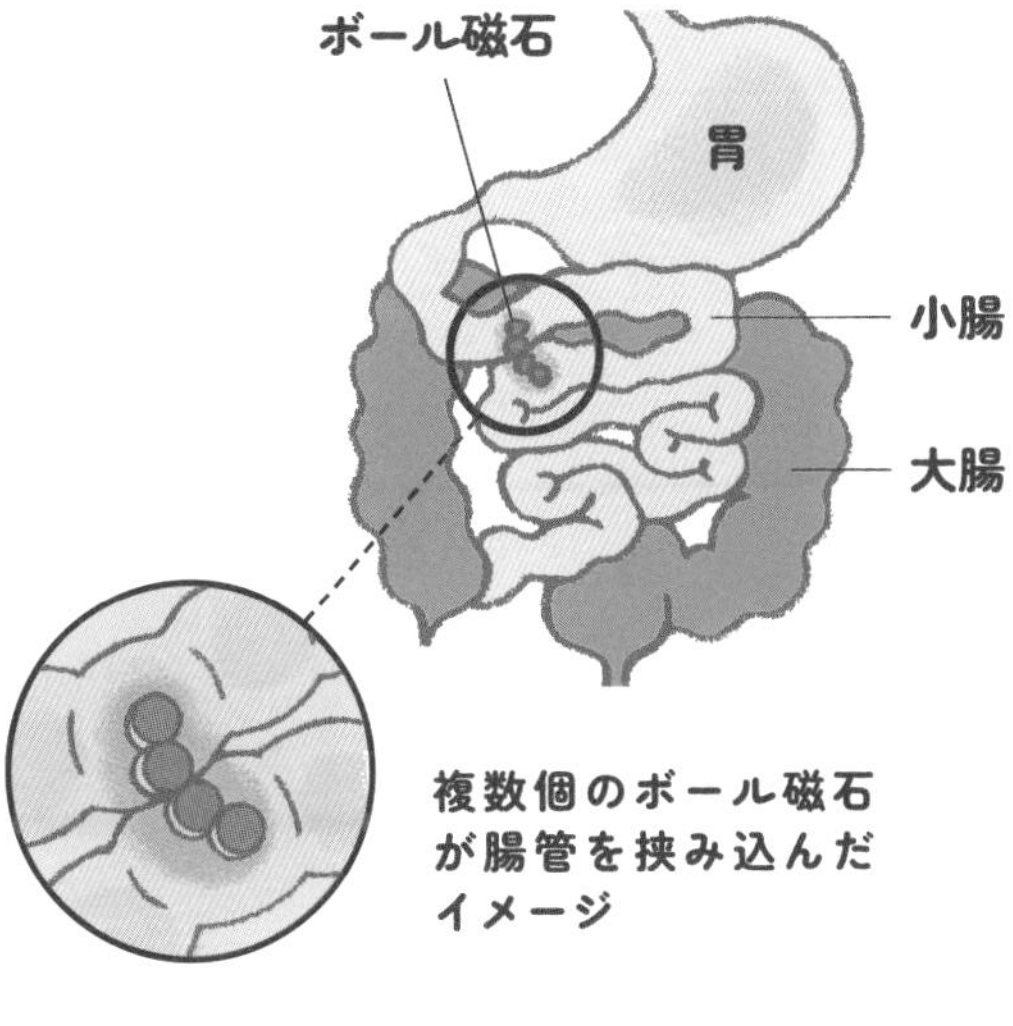

＊消費者庁消費者安全調査委員会「マグネットボール、キューブ、誤飲すると非常に危険！小さな子に触らせない！」2021

水分を吸収して大きく膨張すること。消化管を通り抜けられず、腸閉塞を起こす危険があります。

事例

2歳の女児。嘔吐が始まり、翌日に近所の病院を受診したが、症状が改善されないため、大きな病院を紹介してもらい受診。開腹手術した結果、誤飲した異物による十二指腸閉塞であることがわかり、直径約4㎝のボール状の異物を摘出した。女児の保護者から提供された事故同型品を確認したところ、異物は吸水することで膨潤する観賞用の製品で、吸水前は直径1～1・5㎝程度。吸水するとゼリー状に膨らむものであった。保護者が2年以上前に、個人輸入で入手した業者から購入したとのことで、自宅

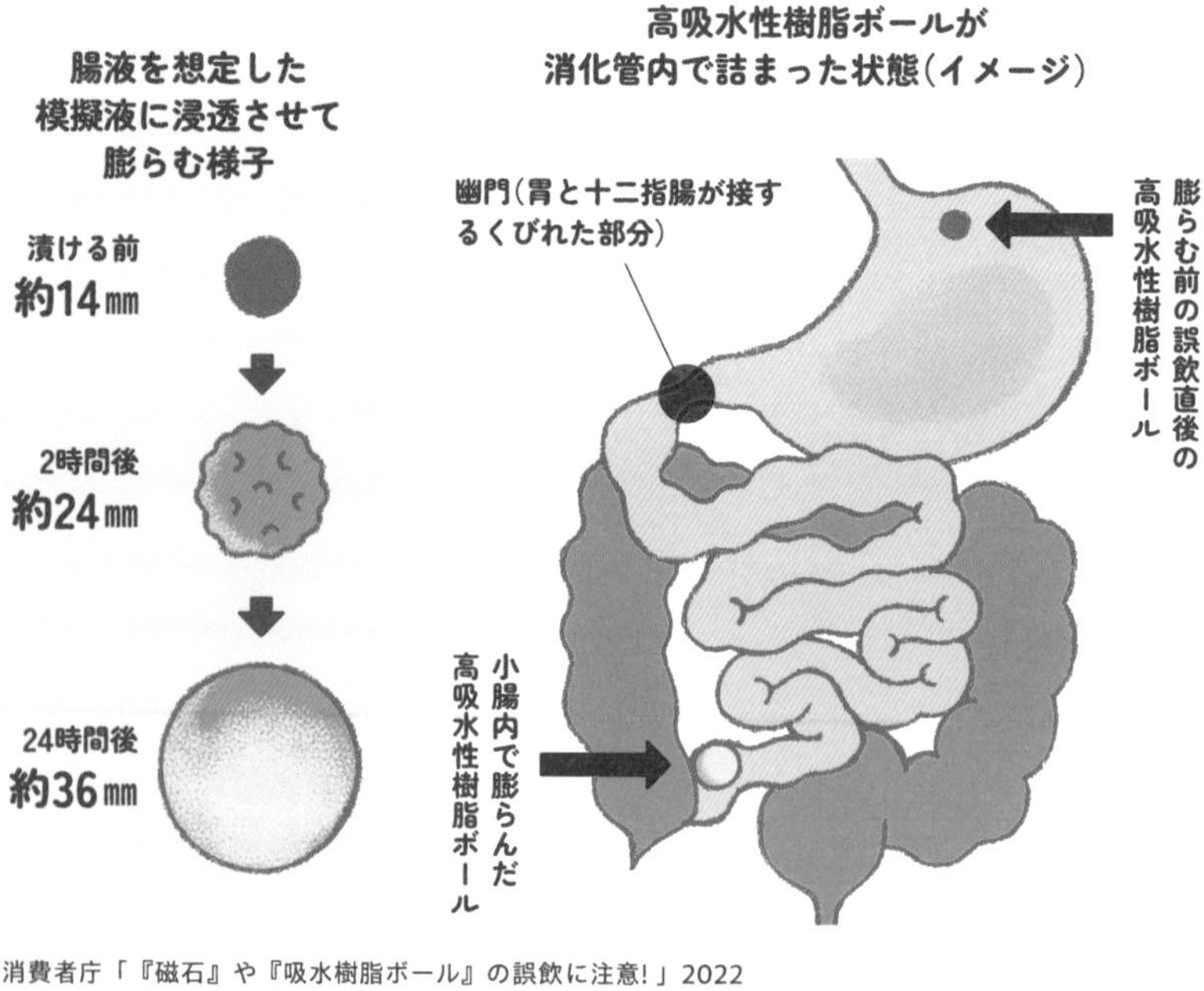

＊消費者庁「『磁石』や『吸水樹脂ボール』の誤飲に注意!」2022

の棚にしまっていたが、引っ越し作業の際に出てきたものを誤飲したのかもしれないとのこと。約3週間の入院となった（＊5）。

身体内には水分が多く、高吸水性樹脂をいったん飲みこむと、水などを飲ませなくても膨らんでしまいます。小さなお子さんのいる家庭では、使わないように気をつけましょう。

＊5　国民生活センター「幼児が水で膨らむボール状の樹脂製品を誤飲」2015

タバコや医薬品などのモノを食べた（中毒）

- タバコの誤飲は生後6か月～1歳半までに多い
- 医薬品の誤飲は1～3歳過ぎに多い
- 誤飲事故の4割はおとなが見ていない
- 急性中毒の相談件数は5歳以下が70％強

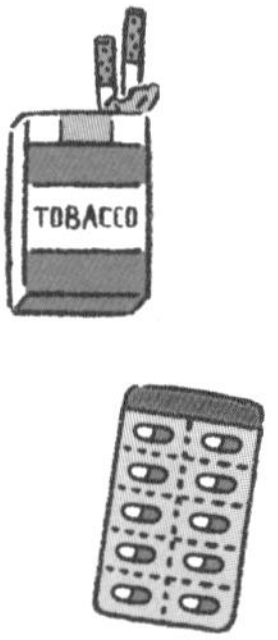

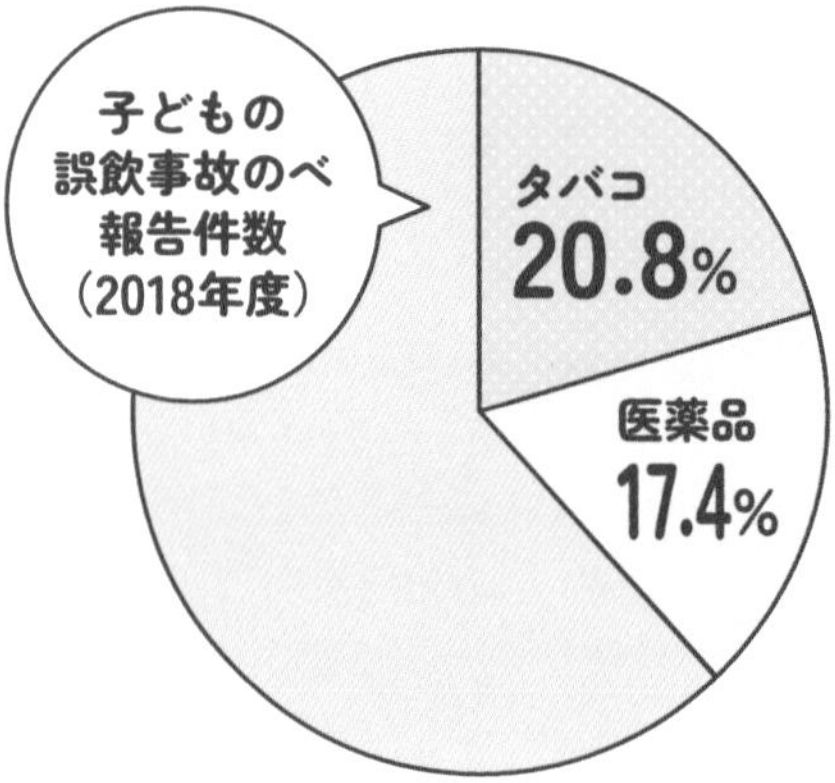

＊1
厚生労働省医薬・生活衛生局 医薬品審査管理課化学物質安全対策室「2018 年度 家庭用品等に係る健康被害病院モニター報告 」2019

なぜ危ないの？

中毒症状を起こし命の危険がある場合も

誤飲のなかでも、タバコや薬など、成分が身体内で吸収されるものは中毒症状が出ることがあります。もっとも多いのがタバコで、最近では加熱式タバコの誤飲が増えています。

また、パック型液体洗剤やトイレ用スタンプ洗剤、アルコール除菌剤なども増加傾向。おとなの医薬品も非常に危険で、特に降圧薬や抗うつ薬、血糖降下薬、抗痙攣薬などは、1錠でも子どもの命に関わります。

これらを飲んだ場合は、何も飲ませず、吐かせないのが鉄則。左ページを参考に、たとえ無症状であってもすぐに病院を受診しましょう。

もしかして

中毒!?と思ったら

以下の症状がある

CHECK!

- □ 呼吸が苦しそう
- □ 息がゼーゼー、ヒューヒューしている
- □ 咳きこんでいる
- □ 顔色が青白い
- □ けいれん
- □ ぐったりして呼びかけてもぼんやりしている
- □ 嘔吐、下痢、腹痛

↓

119 迷わず **救急車**

左の症状がないもののうち疑われる原因が

CHECK!

- □ 灯油、ガソリン
- □ 除光液、ベンジン
- □ 塩素系漂白剤
- □ パイプ用洗剤
- □ 殺虫剤、農薬、ネズミ駆除剤

↓ 救急車

疑われる原因が

CHECK!

- □ タバコ
- □ おとな用の薬
- □ トイレ用スタンプ洗剤
- □ パック型液体洗剤
- □ 防虫剤

↓

総合病院をすぐ受診

疑われる原因が

CHECK!

- □ 少量のインク
- □ クレヨン、絵の具、粘土
- □ 口紅、ファンデーション、化粧水など
- □ せっけん

↓

家で様子を見る

心配なら電話で相談 #8000

中毒が疑われる場合は
ムリに吐かせない
水分を飲ませない
すぐに受診
が鉄則です！

薬物誤飲事故
第1位 タバコ
加熱式タバコの事故が増加
禁煙が一番の安全対策

タバコ1本分で致死量に。加熱式タバコのカートリッジも危険

タバコの誤飲は、生後6か月からの1年間に時期が集中しています。タバコを誤飲するとニコチン中毒のリスクがあり、吐いたり、ぐったりしたり、けいれんを起こす可能性があります。紙巻きタバコでは、タバコ1本分で致死量に達します。また、最近増えているのが、加熱式タバコの誤飲です。スティックは従来のタバコより小さいために飲みこみやすく、ニコチンが濃縮されており非常に危険です。

＼ もしかして!?と思ったら ／

総合病院をすぐ受診

CHECK!

- ☐ 嘔吐、気持ち悪そうにしている
- ☐ 手が震えている
- ☐ 灰皿やタバコが不自然に散らかっている
- ☐ 同じモノを持参

誤飲を防ぐために

禁煙する

誤飲に加え、副流煙などの受動喫煙による健康リスクは非喫煙家庭の10倍にも(＊2)。加熱式タバコも含め、全面禁煙が一番の対策です。

誤飲事故を防ぐために知っておこう!

❶子どもの頭は背伸びしても棚より低い。奥の薬箱には届かない。

❷椅子や踏み台などに子どもが乗ると棚の奥に簡単に手が届いてしまう。

子どもが踏み台に乗っても届かない高さに置く

「子どもの手が届かない場所に置く」といっても、子どもは意外に知能犯。椅子などを持ってきて、高いところに置いたものをつかむ場合もあります。誤飲の危険があるものは、踏み台や椅子に乗っても届かない高さ、開けにくい場所に収納するようにしましょう。

＊2 AnnaKarin Johansson, Gören Hermansson,et al.,How should parents protect their children from environmental tobacco-smoke exposure in the home?. Pediatrics. 2004;113(4)

薬物誤飲事故

第2位　薬

高血圧やてんかんの薬、
睡眠薬などは1錠でも危険

\ もしかして!?と思ったら /

総合病院をすぐ受診

CHECK!

- □ 意識がない
- □ 呼びかけてもぼんやりしている
- □ 呼吸が弱い
- □ 薬が不自然に散らかっている
- □ 食べたかもしれない薬を全部持参

血圧や血糖が異常に下がり、命に関わる場合も

おとなの薬の量を子どもが誤飲すると、身体が小さいために過量投与となり非常に危険。特に危ないのが、血圧を下げる薬や不整脈を抑える薬、血糖を下げる薬、睡眠導入剤など。血圧や血糖が下がりすぎて意識がなくなったり、呼吸が弱くなったり、場合によっては命に関わることも。無症状でも必ず病院を受診し、きちんと検査を受けましょう。

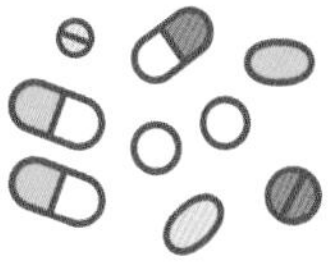

誤飲を防ぐために

CHECK!

- □ 子どもの前で薬を服用しない
- □「おとなのお菓子」など冗談を言わない
- □ チャイルドレジスタンス容器にしまう
- □ 子どもの手が届かないところに置く
- □ 余った薬は廃棄

リスクが高いモノ

- ●パック型液体洗剤
- ●マニキュア除光液　●パーマ液
- ●防虫剤(樟脳)
- ●空間洗浄剤(二酸化塩素)
- ●アルコール除菌剤
- ●液体蚊取り線香

\ 誤飲を防ぐために おうちでできること /

CHECK!

- □ パック型液体洗剤は子どもが6歳になるまで使わない
- □ 子どもの届かないところに置く
- □ 食べ物やお菓子の容器に入れない

中毒を疑ったら、何も飲ませせず、吐かせず、すぐに病院に行く、が鉄則

誤飲のなかでも、タバコや医薬品、洗剤など、成分が身体内で吸収されるものは、中毒症状が出ることがあります。日本中毒情報センターの「中毒110番」のデータによると、[*3]2019年の1年間の急性中毒に関する相談件数は約3万件で、5歳以下が7割を超えています。

これらの対処でもっとも大切なのが「吐かせない」ということです。既に飲みこんでしまったものは窒息と異なり、背中を叩いたりしても出てくることはありませんし、水などを飲ませて無理に吐かせようとしても上手に吐くことはできません。たとえ吐いたとしても胃液が出てくるだけで、肝心の異物はおなかの中に留まることがほとんどなのです。

逆に吐かせたものが原因で窒息したり、胃に落ちたものが逆流して食道

＊3　日本中毒情報センター「2019年受信報告」

に引っかかったりして危険な場合も。そのため、基本的には吐かせず、すぐに病院を受診するようにしましょう。

以前は、水や牛乳を飲ませるとよい、と言われたこともありましたが、これも確実な方法ではありません。誤えんして肺炎を起こすリスクや、身体内への吸収を促すケースもあるので、何も飲ませないことをおすすめします。

受診の際は、誤飲したと思われる商品名、誤飲したと思われる量と内容、場所や時間、応急処置の有無や内容、嘔吐や腹痛の症状も伝え、もし誤飲したものと同じものがあれば持参しましょう。

もっとも多いタバコの誤飲。子どものいる家庭では禁煙を

乳幼児の中毒で一番多いのが、タバコの誤飲です。生後6か月からの1年間に集中しているのが特徴で、紙タバコ1本分で致死量に達するほど危

険。少量でも、吐いたり、ぐったりしたり、けいれんを起こします。[*4]**最近増えているのが、加熱式タバコや電子タバコの誤飲で、相談件数は紙巻きタバコより増えています。**乳児が紙巻きタバコをまるごと1本食べてしまうことはまずないですが、加熱式タバコのスティックや電子タバコのカプセルは従来のタバコよりも小さく、簡単に飲みこめます。さらには、[*5]**ニコチンが凝縮されているため、中毒の危険も高まります。**タバコ本体や加熱式タバコのカートリッジの誤飲のほか、吸い殻を入れた灰皿の水や、缶ジュースを灰皿代わりにしていて中身を飲んでしまうなどの事例もあります。これらは、高濃度のニコチンが含まれており、非常に危険です。

事例

1歳の女児。吐きそうな様子でえずいていたが吐かず、えずいているときに少し咳も出ていた（もともと咳症状はあった）。親が目を離しているとき、加熱式タバコの吸い殻を口にしたようで、かんだ後の加熱式タバコ

＊4 日本中毒情報センター「加熱式タバコの相談件数が増えています！」2018

＊5 笹岡悠太、竹井寛和他「加熱式タバコの誤飲による急性ニコチン中毒の危険性」『日本小児科学会雑誌』2019,123

が落ちていた。口の中を見ると葉が少し残っており、吐かせようとしたが吐けず、お茶を飲ませた。その後病院を受診、点滴治療を行った（＊1）。

タバコは、本体の誤飲のほかに、受動喫煙も問題です。**肺がんリスクが11・3倍に増えるほか、子どもの呼吸器感染症や喘息、中耳炎の発症や入院も増えます。**[＊6]

特に、成長発達段階にある胎児や赤ちゃんは、おとなより格段に影響を受けやすくなります。最大のリスクのひとつは、乳幼児突然死症候群（SIDS）です。これは、今まで元気だった赤ちゃんが突然亡くなる病気で、**親の喫煙によってリスクが4・7倍になるとされています。**[＊7]

また、妊娠中の喫煙は低出生体重児が生まれる可能性が高く、**赤ちゃんの将来の喘息発症リスクも上げることがわかっています。**[＊8]

小さなお子さんのいる家庭では、家の中にタバコを持ち込まない、望ましくは禁煙することが、何より の事故予防につながると覚えておきましょう。

＊6 American Cancer Society. The Tobacco Atlas 6th edition.2018

＊7 田中哲郎、加藤則子他「乳幼児突然死症候群の育児環境因子に関する研究」『日本公衆衛生雑誌』1999,46

＊8 Burke H.,et al.,Prenatal and passive smoke exposure and incidence of asthma and wheeze:systematic review and meta-analysis. Pediatrics.2012;129(4)

医薬品は子どもの前で服用せず、チャイルドレジスタンス容器に保管

中毒で2番目に多いのが、医薬品の誤飲によるもの。これは1歳過ぎから3歳未満に多いのが特徴です。

特に怖いのが、血圧を下げる薬、血糖値を下げる薬、抗うつ薬など精神科の薬です。通常のおとな用の用量を身体の小さい子どもが摂取すると過剰摂取となり、血圧や血糖が下がりすぎて、命に関わる場合もあります。

事例

1歳8か月の男児。歩く様子がフラフラして、やや興奮状態。高さ40㎝の棚にふたつき缶ケースに父の薬を入れて保管していた。13時頃、男児が薬のシートをかんでいるのに気づいた。缶ケースの中を確認すると、1.5錠の錠剤が見当たらなかった。約2時間後に受診。点滴で、1日経過観

察入院となった（＊1）。

医薬品誤飲の原因となるのが、「親のマネをしたい」という子どもの心理です。1歳過ぎからの子どもは、「親と同じことを自分もやってみたい」という気持ちが芽生えます。そのため、親が子どものいる場所で薬を飲むと、「自分も飲んでみたい」と思ってしまいます。

また親が、薬を「おとなのお菓子」などと呼ぶのも厳禁。食べられると思って、目につくところにあると、口に入れてしまいます。

医薬品は子どもの見えないところで服用し、見えない・手の届かない場所に置くのはもちろん、カバンの中に保管している場合も要注意。子どもは親が予想する以上に成長が早いうえに器用。カバンの中のケースから医薬品を取り出す場合もあります。

子どもが簡単に開けられないチャイルドレジスタンス容器を利用し、余った薬は廃棄する。中毒を起こす製品は、食べ物や飲み物の容器に入れな

い、なども徹底しましょう。

パック型洗剤やトイレ用スタンプ、除菌アルコールの場合は

最近の傾向で目立つのが、パック型液体洗剤やトイレのスタンプ剤の誤飲です。お菓子に似ているカラフルな形状が子どもの興味をそそる一方で、洗剤成分が高濃度に含まれているため、他の洗剤より嘔吐などの症状が出やすいのも特徴です。

アメリカでは2012年から13年にかけて2万件近くの事故報告（死亡例あり）[*9]があり、日本でも入院例が出ています。誤飲から中毒につながるため、**6歳未満の小さな子どもがいる家庭では使用しないのが安全です。**[*10]

コロナ禍で必需品となったアルコール除菌剤の問い合わせも増えています。大きな健康被害が出た報告はありませんが、**除菌スプレーを噴霧したときに子どもの目に入った、アルコール消毒した手を赤ちゃんが舐めてし**[*11]

*9 Valdez AL,Casavant MJ,et al.,Pediatric exposure to laundry detergent pods. Pediatrics, 2014.134(6)

*10 AAP. Poison Prevention & Treatment TIPS for Parents. Last Updated 2021

まった、などで心配になるケースも。目に入った場合は軽く目を洗うくらいで問題ない場合も多いですが、痛みが続くなど心配な場合は病院に相談しましょう。

参考までに、[10]アメリカ小児科学会で紹介された、中毒予防のヒント（Tips）をご紹介しましょう。

●洗剤、塗料、農薬は子どもの手の届かないところに保管する
●パック型液体洗剤は子どもが6歳になるまでは使わず、
従来の粉末や液体製品を使う
●薬はチャイルドレジスタンスの容器に保管し、余った薬は廃棄する
●薬を「お菓子」と呼ばない
●中毒を起こす製品は食べ物や飲み物の容器に入れない
●灯油のポリタンクや給油ポンプは子どもが触れられない場所に保管する

*11 日本中毒情報センター「除菌剤・消毒剤が眼に入る事故に注意しましょう」2021

豆類やミニトマトなどが

のどに詰まる（窒息）

- 3歳以下が全体の80％
- 特に**1〜2歳児に多い**
- 食べ物が原因の窒息死は少なくない
- 窒息の30％は
  親の目の前で発生

＼ こんなときは**窒息**を疑おう！ ／

- □ 自分の首をつかんでいる
- □ 顔色が急に悪くなり、よだれを垂らす
- □ 苦しそう
- □ 声が出せない

なぜ危ないの？

気道が小さく、噛む力も弱いため小さな食べ物でも窒息の可能性が

食事中に急に顔色が悪くなって苦しそうな様子を見せたり、声が出せなくなった場合は、窒息の可能性があります。窒息の場合、蘇生のチャンスは最大9分とされ（＊1）、すぐに左ページの処置が必要です。

窒息は4歳以下の子どもに圧倒的に多い（＊2）ですが、その原因のひとつが気道の直径が成人よりも小さいことがあげられます。小さな異物でも詰まりやすく、咳の反射もまだ弱いため、ものが詰まっても外に吐き出しにくいのです。また、犬歯や臼歯が生えそろっていないために噛む力が弱いのも原因になります。

＊1　日本小児救急医学会・日本小児外科学会監修『ケースシナリオに学ぶ小児救急のストラテジー』へるす出版、2009年
＊2　日本小児科学会こどもの生活環境改善委員会Injury Alert（傷害速報）「No49ブドウの誤嚥による窒息」2014

もしかして

窒息!?と思ったら

救急車を待つ間に

急いで救急車

反応がない

心肺蘇生

胸部圧迫

繰り返す

人工呼吸

1歳未満 → 101ページへ

1歳以上 → 103ページへ

反応がある

詰まったものを取り除きましょう

1歳未満

背部叩《こう》打《だ》法

繰り返す

胸部突き上げ法

↓

100ページへ

1歳以上

背部叩打法

↓

腹部突き上げ法

↓

102ページへ

万が一に備えて、
事前に講習会などで応急手当のやり方を
学んでおくとよいでしょう。

詳しくは次のページへ

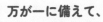

1歳未満の窒息の応急手当

万が一の場合に備えて、事前に講習などを受けておきましょう。

反応がある場合

まず

肩のあたりを叩きながら、大きな声で話しかける

▼

反応がない → 大声で助けを呼ぶ

▼

119番し、応急手当をする

背部叩打法

①子どもをひざに乗せ、ひざまずくか座る。

②子どもの頭を下向きにして、自分の利き手とは反対の腕に乗せる。赤ちゃんを乗せた腕を自身の太ももの上に置き、赤ちゃんを支える。

③利き手のつけ根に力を込め、赤ちゃんの肩甲骨の間を強く叩く。5回。

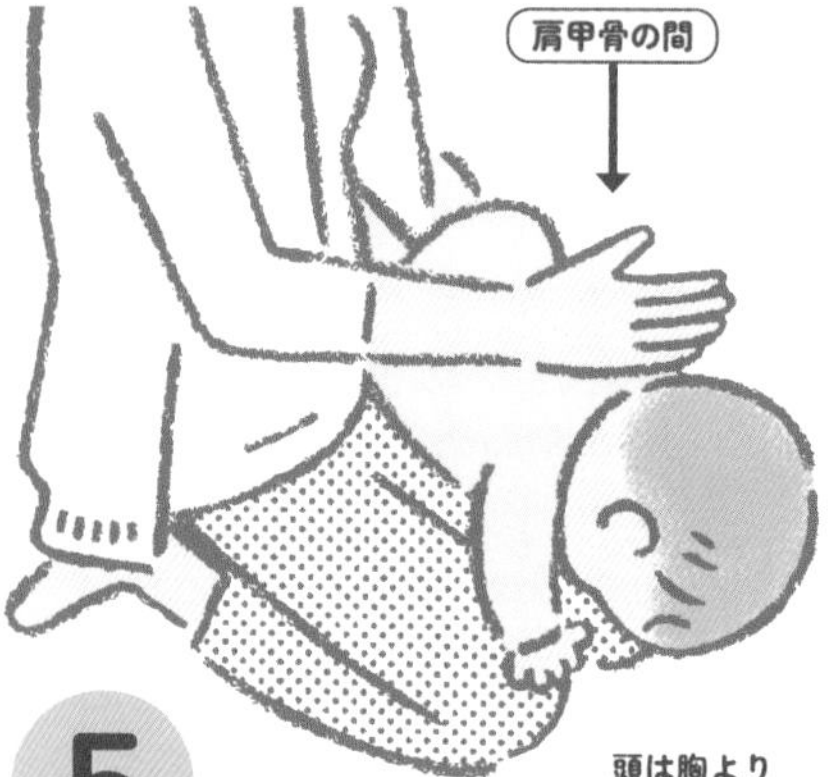

5回叩く

繰り返す

のどから詰まったものが排出されるまで続ける

胸部突き上げ法

①赤ちゃんがあおむけになるように、頭と首を手のひらで支えながらひっくり返し、背中を自分の利き手とは反対の腕に乗せる。

②利き手の人差し指と中指を揃え、赤ちゃんの胸の真ん中に向けて押す。1秒間に1回のペースで5回。

③5回押したら、赤ちゃんをうつ伏せにひっくり返し、背部叩打法を行う。

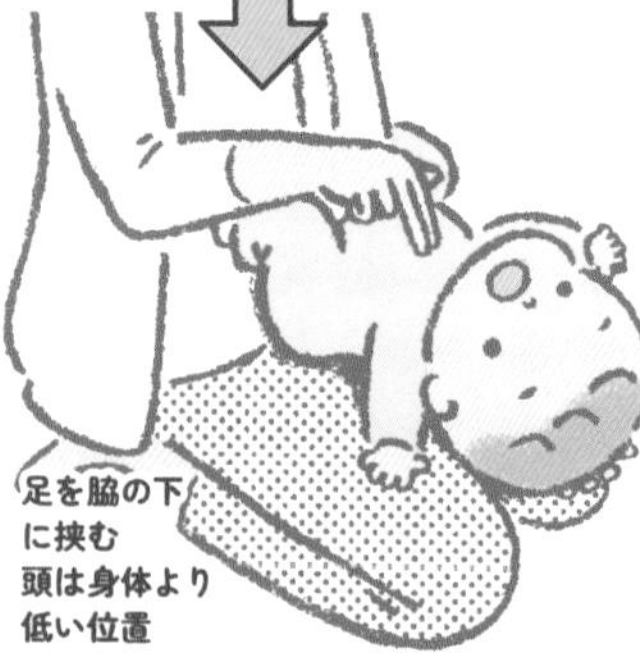

1秒間に1回の速さで5回

詰まったものを出す！というイメージで1回1回確実に押すこと

意識や反応がなくなったら中止し、反応がない場合の緊急手当を行う。

まず
肩のあたりを叩きながら、
大きな声で話しかける
▼
反応がない → 大声で助けを呼ぶ
▼
119番し、緊急手当をする

反応がない場合

胸骨圧迫

①周囲の安全を確保し、硬くて平らな地面か床に静かに寝かせる。
②胸の真ん中の部分を指を2本揃えて押す。
③アンパンマンのマーチの速さ（1分間に100〜120回のスピード）で30回続ける。

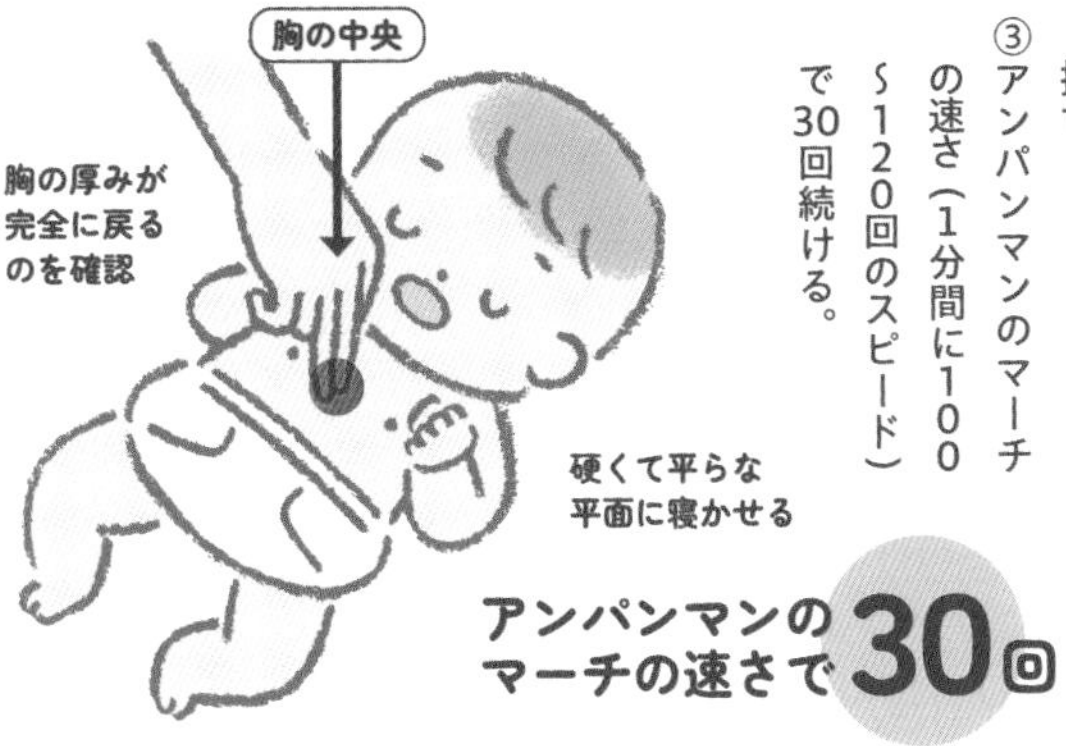

繰り返す

強く 胸の厚さの1/3
約4cm沈むように

速く 1分間に100〜120回のスピード
アンパンマンのマーチの速さ

絶え間なく 人工呼吸などでの中断は
10秒未満

繰り返す

人工呼吸

①子どものあごを持ち上げて気道を確保する。
②子どもの口と鼻に息を1秒吹き込む。
③息を吹き込みながら胸が上がるのを確認。⬇
④息を吹き込んだら一旦、口を離す。
⑤❶〜❹を2回繰り返す。

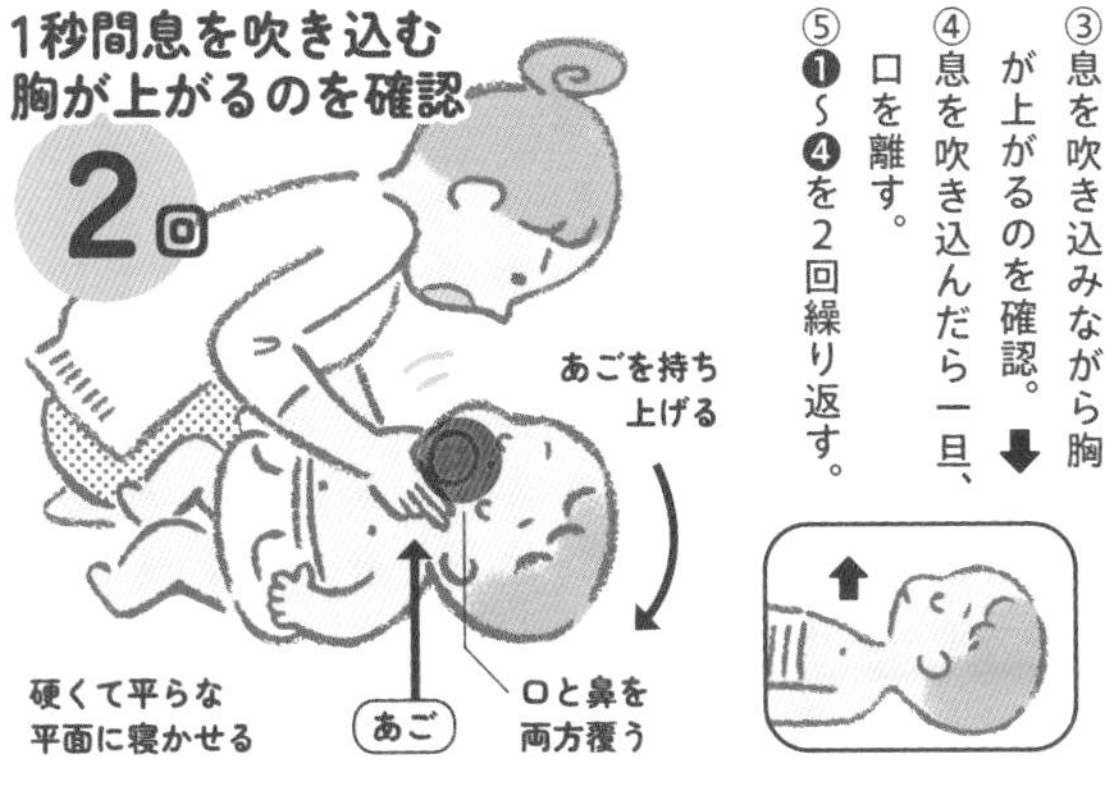

1歳以上の窒息の応急手当

万が一の場合に備えて、事前に講習などを受けておきましょう。

反応がある場合

まず
肩のあたりを叩きながら、
大きな声で話しかける
▼
反応がない → 大声で助けを呼ぶ
▼
119番し、応急手当をする

背部叩打法

①子どもの背後に回り、立つかひざまずく。子どもの脇の下から自分の片手を前に出し、子どもの胸とあご部分を支えて、あごを反らせる。
②反対の手の平の付け根部分で、子どもの肩甲骨の間を力強く叩く。
③のどから詰まったものが出てくるまで繰り返す。

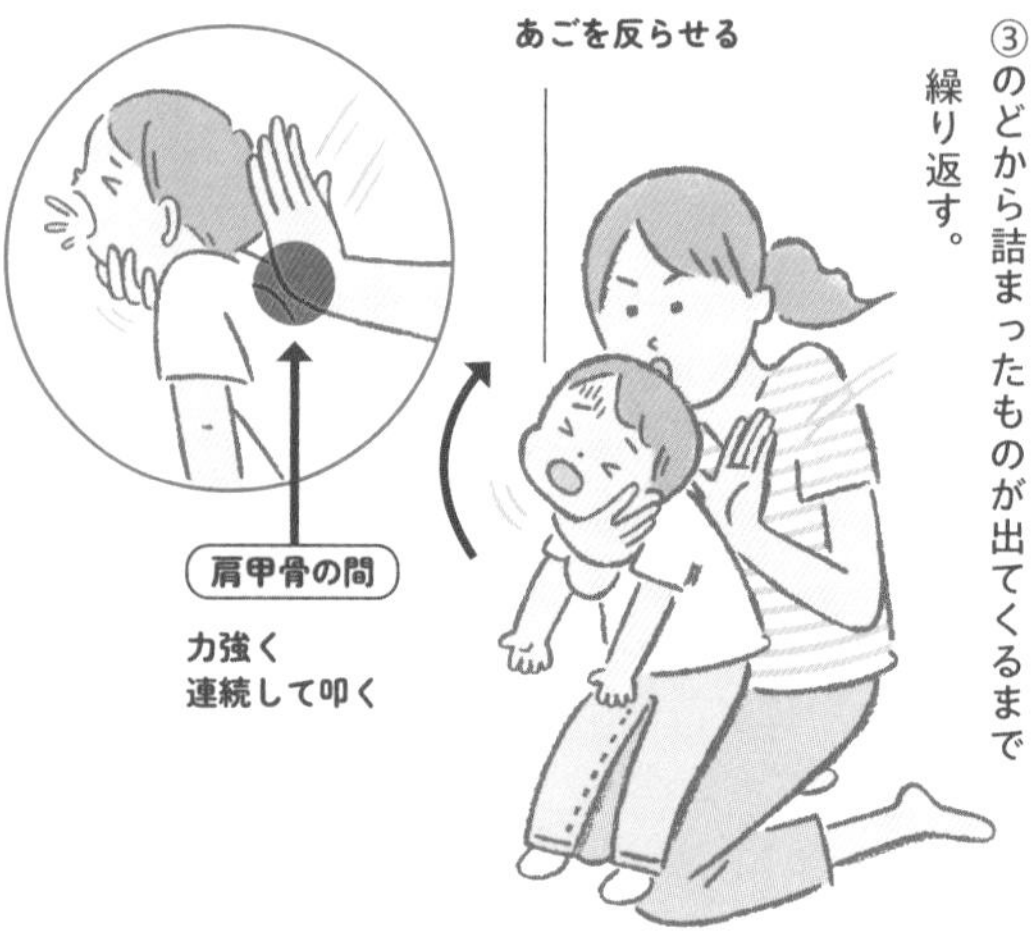

背部叩打を行い、有効でなければ
腹部突き上げ（ハイムリック法）へ

腹部突き上げ法（ハイムリック法）

①子どもの背後に回って立つかひざまずき、子どものみぞおちの下に両腕を回す。
②片方の手でこぶしを作り、もう片方の手で、こぶしを握る。
③こぶしを子どものおなかに押しつけ、力を込めて素早く突き上げる。
④のどから詰まったものが出てくるまで繰り返す。

⚠ 1歳未満の乳児には行わないこと！
腹部の内臓を傷める可能性があるため、救急隊に実施したことを伝える。

意識や反応がなくなったら中止し、反応がない場合の緊急手当を行う。

まず

肩のあたりを叩きながら、
大きな声で話しかける
▼
反応がない → 大声で助けを呼ぶ
▼
119番し、緊急手当をする

反応がない場合

胸骨圧迫

①周囲の安全を確保し、硬くて平らな地面か床に静かに寝かせる。
②胸の真ん中の部分を片方の手の平の付け根で押す。
③アンパンマンのマーチの速さ（1分間に100～120回のスピード）で30回続ける。

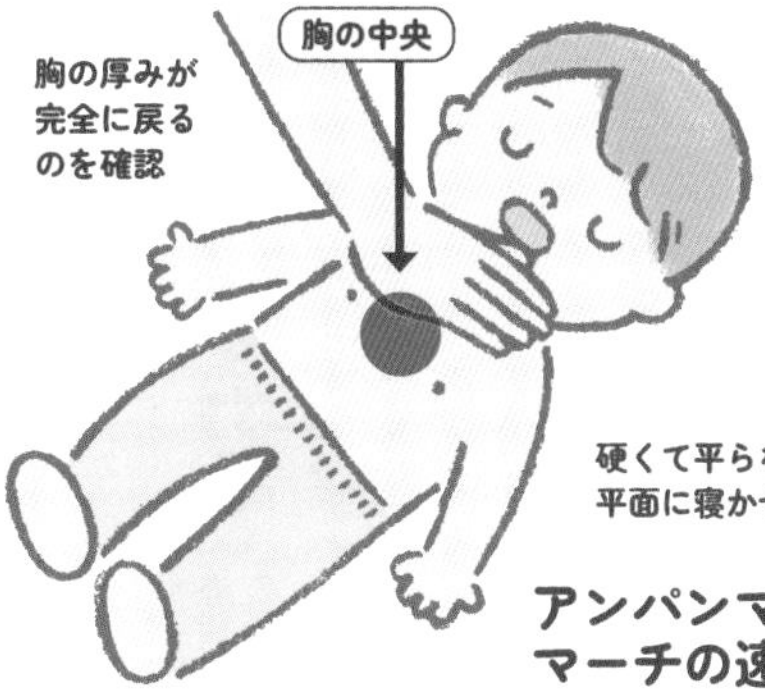

繰り返す

強く 胸の厚さの1/3 約5㎝沈むように

速く 1分間に100～120回のスピード アンパンマンのマーチの速さ

絶え間なく 人工呼吸などでの中断は10秒未満

繰り返す

人工呼吸

①子どものあごを持ち上げて気道を確保する。
②子どもの口と鼻に息を1～1.5秒吹き込む。
③息を吹き込みながら胸が上がるのを確認。⬇
④息を吹き込んだら一旦、口を離す。
⑤❶～❹を2回繰り返す。

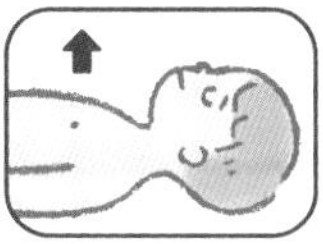

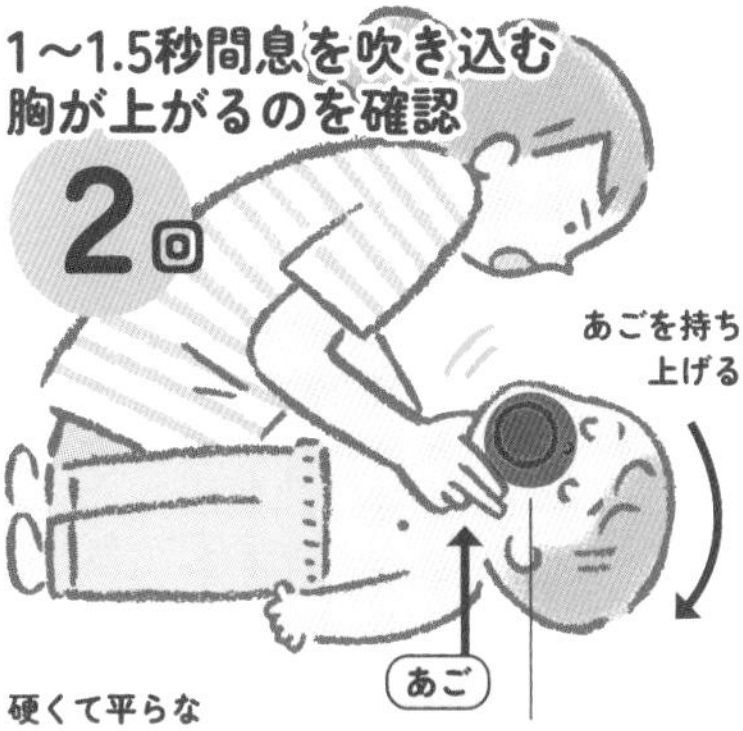

窒息を防ぐためにおうちでできること

❶子どもの食べる力を知る

つるん のび〜る カタイ が苦手

子どもの窒息では、食べ物が原因となることが少なくありません（＊3）。特に窒息しやすいものの形や性質は「つるっとしたもの、弾力のあるもの、丸いもの、粘着性が高いもの、固いもの」。丸いものの例として、ミニトマト、ぶどう、さくらんぼなどがあります。これらは弾力があり、つるっとしているので、非常に窒息のリスクが高くなります。ほかにも、ピーナッツ等の豆類、ラムネや飴、白玉団子なども事故が多い食べ物です。窒息を防ぐためには、これらは食べさせない、もしくは小さく砕く、細かく切って与えましょう。

なかでも特に危険な食べ物

つるんとして丸くて噛みにくい

●ぶどう、ミニトマト、マシュマロ、白玉団子

粘着性が高く飲みこみにくい

●パン、ごはん、お餅

ちっちゃくて固い豆類

●枝豆、ピーナッツ

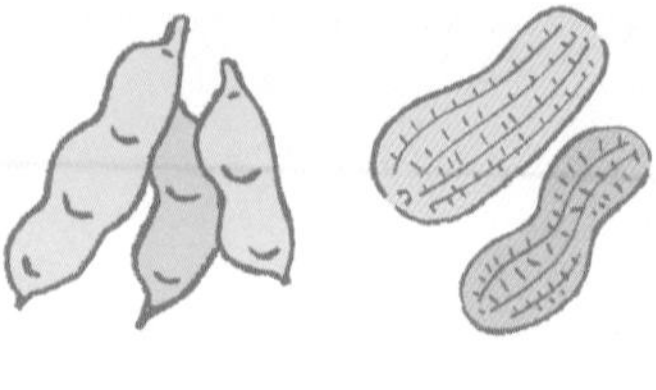

＊3　消費者庁「食品による子供の窒息事故に御注意ください！」2017

つるんとして丸い

6歳未満
には
与えないで！

ミニトマト・ぶどう・さくらんぼ

ぶどうは4等分にカット

そのまま飲みこむと窒息の危険が大きいので、食べさせるときは必ず4等分に切ってから。未就学の兄姉が与えないように注意しましょう。

豆類 ピーナッツ・節分の豆・枝豆

豆類を食べるのは6歳になってから。節分の豆も誤って口にすることがあるので、そのままでまかず、袋に入ったものをまく、などの配慮を。

飴・ラムネ

食べるのは4歳になってから。ひと口大でごっくんと丸のまま飲みこみやすく、誤えんにつながることもあり、注意が必要です。

うずらの卵・球形のチーズ・カップゼリー・ソーセージ・こんにゃく類

こんにゃくは糸こんにゃくを選び、1cmに切る、ソーセージは縦半分に切るなど、のどに詰まらないよう、必ず細かく切ってから食べさせて。

粘着性が高く、飲みこみにくい

ごはん・パン類・カステラ・焼き芋・せんべい

水分を摂って、のどを潤してから食べる。詰め込まず、よく噛むこと。特にパンは、よく噛まずに丸飲みしてしまうと非常に危険（学童の早食いなどでの事故も発生）。小さい子どもに食べさせるときは、小さく切って、水分でのどを十分に潤してから食べるようにしましょう。

餅

餅は温度が下がると固さが増し、粘着力も強くなります。固いと丸飲みする子どもも増えるため、小さく切って、水分でのどを潤しながら、よく噛んで食べることが重要です。

＊内閣府「教育・保育施設等における事故防止及び事故発生時の対応のためのガイドライン」2016

噛み切るのが難しい

いか・わかめ

いかは、小さく切って加熱すると、さらに固くなるので注意。わかめは細かく切って与えます。

えび・貝類

幼児には固すぎて、誤えん・窒息につながりやすいため、1歳までは、料理から除きましょう。

1歳までは料理に使わない！

りんご

固さや切り方によっては、詰まりやすい。すりおろしたり、薄切りにしたり、加熱する方法が有効。特に離乳完了までは加熱することで柔らかくなり安全。

えのき、しめじ、まいたけ・エリンギ

きのこ類も繊維質で噛み切るのが難しい食材。食べさせるときは1cmに切りましょう。エリンギは繊維に逆らい、1cmに切ります。

噛みちぎるのが難しい

おにぎりの焼き海苔・刻み海苔

海苔は案外噛みちぎるのが難しい食材です。のどにぺたっと貼りつくこともあるため窒息や誤えんの危険も。海苔は、１歳までは刻み海苔を選びましょう。

のどに引っかかりやすくむせやすい

そぼろ・ゆで卵・煮魚

そぼろは、豚肉との合い挽きを使うか、片栗粉でとろみをつけます。ゆで卵は細かくして、他の食材と混ぜましょう。煮魚は、味をしみこませ、柔らかくなるまで煮込みましょう。

＊内閣府「教育・保育施設等における事故防止及び事故発生時の対応のためのガイドライン」2016

❷ 食事中にふざけないなどの食育

正しい食事マナーは事故防止のためにも大切

幼児期から学童期は、「食べ方を育てる＝食育」の大切な期間。食育は、事故防止という意味でも、非常に大切です。

食事を与えるときは、食卓に正しく座って食べること。驚かせたり笑わせたり、泣かせたりしないように気をつけましょう。

兄弟がいる場合には、兄弟げんかで泣いたり、ふざけたりしがちですが、食事中は誤えんや窒息につながるので注意したいものです。

また上の子が親のマネをして、赤ちゃんの口に食べ物を入れたことで起きた窒息事故もあります。上の子には、きちんと言って聞かせることが大切です。

＼ 食事での窒息を予防するために ／

CHECK!

- □ 食べることに集中させる
- □ 水分を摂ってのどを潤してから食べさせる
- □ よく噛んで食べる
- □ ひと口の量を多くしない
- □ 口の中に食品があるときはしゃべらせない
- □ あおむけに寝た状態や、歩きながら、遊びながら、食品を食べさせない
- □ 食事中に乳幼児がびっくりするようなことをしない
- □ 年長の子どもが乳幼児に危険な食品を与えることがあるので注意する

❸食べ物以外の詰まりやすいものを知る

トイレットペーパーの芯より小さなものには要注意

一般に、子どもの口に入る大きさの目安はトイレットペーパーの芯の大きさ、またはおとなの親指と人差し指で作った丸を通るものの大きさと言われています。

それより小さなものは、乳幼児が誤飲し、気管に詰まると窒息する可能性があります。

特に危険なのが、つるんと飲みこみやすいスーパーボウルや水風船、ほかにも下記のようなもの。これらは子どもの手の届かない場所で管理し、事故を未然に防ぐことが大切です。

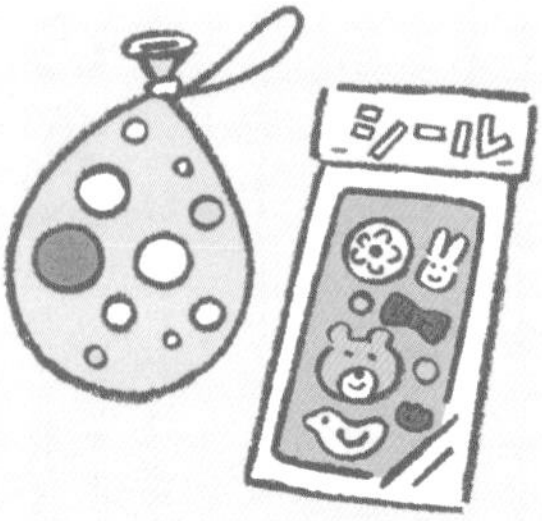

スーパーボウル
水風船
シールなどの紙類
ビーズ型芳香剤
おもちゃなどの部品

スーパーボウルやおもちゃの部品など
39㎜以下
のものは、詰まったり、飲みこんだりのリスクがあります

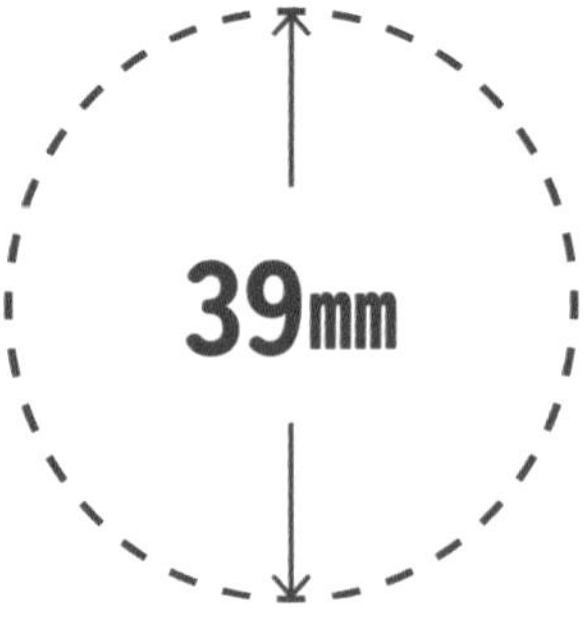

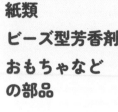

命に関わる窒息事故
すぐに吐かせて救急要請を

子どもの事故のなかでも、入院に至る割合が高いのが「窒息」です。窒息は命に関わる事故で、いったん息が詰まってしまうと蘇生のチャンスは最大9分しかありません。病院以外の場所で窒息した場合、呼吸が止まっただけの状態であれば蘇生率は50%を超えますが、[*4]**心肺停止だった場合の蘇生率は非常に低くなってしまいます。**

事例

10か月の男児。生来健康で、数歩歩けるようになり、乳歯も生え出していた。午後3時頃、おやつに、固めで大きさ3～4㎝の乳幼児用パンを食べ始めた。いつもは同じパンを本人が小さく噛んで食べていたが、母親が

＊4 馬場美年子、一杉正仁他「小児の食物誤嚥による窒息事故の現状と予防策について」『日本職業・災害医学会会誌』58,2010

一瞬目を離したすきに、パンを1つ丸々口に入れて飲みこもうとした。母親があわてて男児の口に手を入れて掻き出そうとしたが、少量しか取り出せず、直後に苦しそうにもだえ出した。背中を叩き、逆さまにして出そうとしたが出せず、徐々に活気がなくなり動かなくなった。午後3時25分、母親が救急要請した。救急隊からの指示を受けて、母親が胸骨圧迫を開始した。午後3時40分、救急隊とドクターカーがほぼ同時に到着した。午後4時4分に医療機関に到着。吸引などさまざまな施術を行ったが、12日後に永眠した（＊5）。

窒息に気づいた場合は、一刻も早い対処が必要です。近くに人がいる場合は大声で呼んで救急車を要請すると同時に、とにかく詰まっているものを出します。100〜103ページで応急手当の方法を紹介していますが、場合によっては、背中を叩くくらいで、ポンと出てくることもあります。

万が一のためにも、日頃から最寄りの消防署などで行われる心肺蘇生法

＊5 日本小児科学会こどもの生活環境改善委員会Injury Alert（傷害速報）類似事例「パンの誤嚥による窒息（No.49 ブドウの誤嚥による窒息の類似事例4）」2020より引用、一部改変

の講習を受けておきましょう。
この事例のように、食べ物による事故も少なくなく、**3割は親の目の前で発生しています。**[*6]「目を離さないで」「気をつけて」では事故を減らせません。まずは、窒息しやすいものを知り、子どもに食べさせない・近づけないことが大切です。そして、食べるときには事故を起こさないための、食育にも気を配りましょう。

気をつけるべき食品に関しては104ページからも紹介していますが、特に注意が必要なのがピーナッツ、枝豆、節分の豆などのナッツ類です。

窒息の危険だけでなく、噛み砕いた破片などが気管に入ると油脂成分が気管支で炎症を起こし、まれに肺炎を引き起こすケースがあります。その場合、最初はむせますが、いったん収まったと思ったら、数日後に熱が出て、CTなどを撮って初めて発覚します。事故を未然に防ぐためにも、ピーナッツなどのナッツ類は、6歳以下の子どもには食べさせないようにしましょう。

*6 Foltran F.,et al.,Toys in the upper aerodigestive tract: New evidence on their risk as emerging from the Susy Safe Study.International Journal of Pediatric Otorhinolaryngology, 2012

歯ブラシでのどを突く

- 1～2歳児に多い
- のどを突く事故は圧倒的に歯ブラシ
- 子ども部屋やリビングで多く発生
- のどを突いた子どもの受診は夜間救急外来がほとんど（＊1）

＊1
東京都生活文化局「子供に対する歯ブラシの安全対策ー東京都商品等安全対策協議会報告書ー」2017

なぜ危ないの？

大切な神経や脳を傷つけ感染症を起こす危険も

口の中の事故で、もうひとつ気をつけなければいけないのが、異物をくわえたまま転倒して「のどを突く」事故。箸、フォーク、焼き鳥の串などもありますが、原因の6～7割は歯ブラシによる事故（＊2）で、歯みがきしながら歩いたり、走ったりしていて転倒するケースがもっとも多いです。この事故で怖いのが、のどの奥にある大きな血管や神経、脳をも傷つける可能性があること。また、口の中には雑菌が多く、毎日歯みがきする歯ブラシにはとても多くの雑菌が付着しており、傷口から感染症を起こす心配もあります。

＊2 辻 聡他「小児の転倒転落事故による口腔咽頭損傷のリスク因子」『日本小児科学会雑誌』2015. 119(9)

事故を見つけたら？

刺さっていたら無理に抜かない 急いで救急車を！

一見たいしたことなく見えても必ず受診することが大切

不用意に動かすと、近くの血管や神経を損傷する恐れも！　無理に抜かず、急いで受診すること。一見軽く見えることも少なくありませんが、後から熱が出たり症状が出てくる可能性もあるので、必ず総合病院を受診しましょう。

すぐに受診！

CHECK!

- □ 突いたけど歯ブラシは刺さっていない
- □ 歯ブラシに血がついている
- □ 唾液に血が混じっている
- □ 唾液が飲みこめない
- □ 泣きやまない
- □ ごはんが食べられない

119番！

こんなときは迷わず救急車

のどの奥に穴があいている可能性も

歯ブラシの一部が欠けて残っていたり、のどの奥に穴があいていると非常に危険。急いで救急車要請を。

CHECK!

- □ 歯ブラシがのどに刺さっている
- □ 歯ブラシが折れてブラシ部分がない（欠けている）
- □ ぐったりしている、目線が合わない
- □ 呼吸が苦しそう

刺さった歯ブラシは抜かない！

絶対に抜いたらダメ！

歯ブラシでのどを突くを防ぐためにおうちでできること

座って歯みがきの習慣を身につける

親の見守りのもと床に座って歯みがきさせる

立っているより、座っている状態のほうが、転倒時のリスクを軽減できます。歯みがきの場所を決め、必ず保護者の見守りの中で、床に座って歯みがきする習慣をつけましょう。

CHECK!

- □ 歯みがきの場所を決める
- □「座って歯みがき」を徹底する
- □ 親も「座って歯みがき」を徹底する
- □ 子どもだけで歯みがきさせない

安全に改良された歯ブラシを使う

万が一でも安全な子ども用歯ブラシを使用

のどの奥に入らないようなストッパーがついている、のどに突き刺さらないよう先端が曲がる、など配慮された子ども用歯ブラシで、事故を防ぎましょう。

●のどの奥にまで入らないようなストッパー付き

●ブラシ部分が曲がり、刺さりにくい歯ブラシ

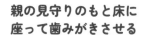

乳幼児に多い歯ブラシでのどを突く事故

口の中のケガで注意すべきなのが、のどを突く事故です。歯ブラシや箸、フォーク、焼き鳥の串など長い異物がのどに突き刺さって起きる事故で、もっとも多い原因が、歯ブラシです。

歯ブラシでのどを突く、というと小学生がふざけてケガをするイメージがあるかもしれませんが、実際には事故の88%は1~3歳前半で発生しています（グラフ❶）。状況で言うと、異物を口に入れたまま「転んだ」がもっとも多く、次いで「台から転落した」が続きます（グラフ❷）。

特に男の子に多く、私の勝手な想像ですが、縄文時代に槍を持って動物を追いかけていた遠

グラフ❶ 「歯ブラシでのどを突く」事故の多い年齢

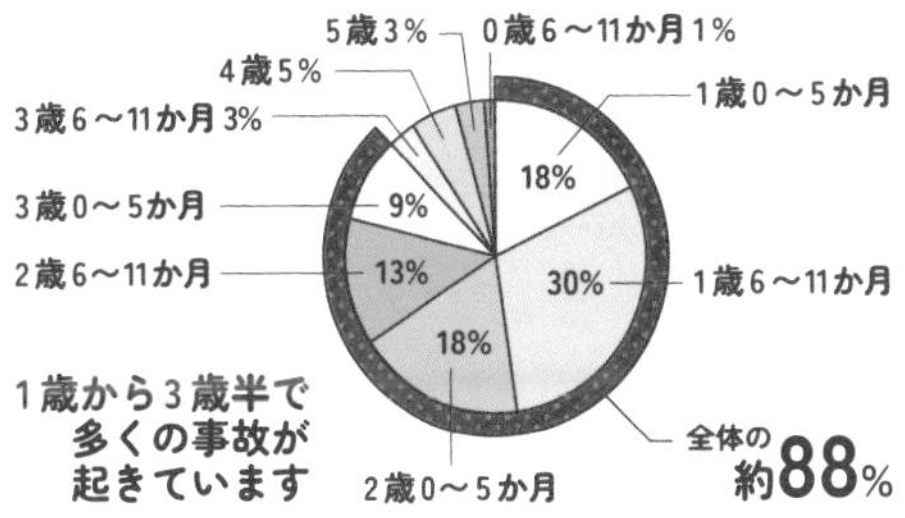

＊3
平成28年度東京都商品等安全対策協議会での事故事例分析（東京都発行パンフレット「乳幼児の歯みがき中の喉突き事故に注意！」より）

い昔の記憶で、細い棒を持つと走り出したくなるようプログラムされているのか、と思うほどです。

子どもは1歳を過ぎるとひとり歩きができるようになりますが、この年齢ではまだ歩行が不安定。しかも月齢が低いほど重心が上になるため、転倒しやすくなります。また、おとなが思っている以上に行動範囲が広がって予期せぬ事故が起きやすい時期。歯みがき中の事故は、皆さんが思うより小さい年齢で起きているということを、知っておいていただきたいです。

重大な血管や神経、脳を傷つける危険も

この事故で怖いのは、脳や血管、神経を損傷する恐れがあることです。のどの奥には大切な血管や神経があるため、のどを突くことで、それら重要な器官を傷つける可能性があります。

一見、出血が少ないことも注意が必要です。突き刺さったものの先端に

グラフ❷　歯ブラシでのどを突く！発生原因（＊1）

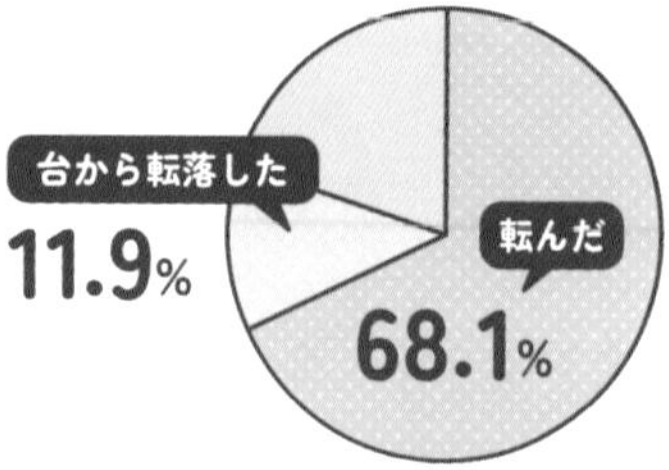

血が少しついている程度だから軽いように見えても、突いた場所によっては血管や神経を損傷したり、縦隔《じゅうかく》（心臓や気管、食道がある空間）が炎症を起こすことも。口の中には非常に多くの雑菌がおり、毎日歯みがきする歯ブラシには多くの雑菌が付着しています。そのため、[*3]歯ブラシによるケガでは、他の棒状のものによるケガと比べ、感染症のリスクが約10倍という報告もあります。

事例

2歳の男児。歯ブラシを口に入れたまま歩き回り、転倒。転倒時にタンスにぶつかり、のどに歯ブラシが刺さっていた。5日間の入院（＊3）。

異物が突き刺さった場合は、不用意に動かすと近くの血管や神経を損傷する可能性があるため、無理に抜くのは厳禁。そのまま、急いで受診しましょう。たいしたことがないと思っても、後から熱が出たり症状が出てく

＊3　山本潤他「歯ブラシによる口腔・咽頭外傷5例の検討」『小児耳鼻咽喉科』2011:32(3)

る可能性があるため、必ず一度、総合病院を受診しましょう。

生活環境の見直しや安全な歯ブラシの使用で事故を防ぐ

事故を起こさないためには、まずは歯みがきを行う場所、生活環境を見直すことが大切です。歯みがきをする場所はきちんと決め、保護者が見守る中で、床に座って一緒に歯みがきするなど、ルールを決めるとよいでしょう。

また、事故の危険性の高い3歳前半までは、使用する歯ブラシはのどに突き刺さりにくいもの、のどの奥に入りにくいものなど、のど突き防止対策を施した製品を使うようにしましょう。

事故のリスクがあるとはいえ、幼児期の子ども自身の歯みがきは習慣づけとして大切です。けれど、清掃効果は不十分なので、保護者が仕上げ用歯ブラシを使って仕上げみがきをすることも忘れずに。

COLUMN

子どもは舐めて噛んで モノの形状を学習しています

生後5～6か月を過ぎると、子どもは小さなものをつかめるようになります。そして、手にしたものは、何でも口に持っていくようになります。舐めて味や固さを確認することでものの形や状態を学ぶことは、子どもの正常な発達の過程のひとつなのです。けれど、残念なことに、それが口にしてよいものかの判断は、小さな子どもにはできません。口にしてはいけないものを誤って飲みこまないよう、子どもが口にしてはいけないもの、小さな生活用品は子どもの手の届かない場所で管理し、子どもの安全と健康を守りましょう。

赤ちゃんは そのモノが
苦いか 甘いか 丸いか 四角いか
冷たいか 熱いか
全部お口で
学んでいる

ちなみに
おとなは…
見て 嗅いで 聞いて 触って 味わって
五感を使いながら 暮らしています

皮ふ

熱いものをかぶって、触って

① やけど

電子機器などで

② やけど（電撃熱傷《でんげきねっしょう》）

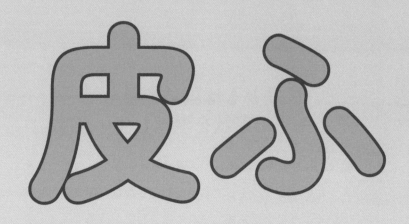

やけどを見つけたら急ぎ流水で冷やしましょう

皮ふに関する子どもの事故で、もっとも注意が必要なのがやけどです。やけどの原因としては、お茶やコーヒー、熱湯、味噌汁やスープなど、高温の飲み物がかかって起こるものが多くみられます。

やけどは症状の度合いにより【Ⅰ度】から【Ⅲ度】まであり、数字が大きいほど重症です。やけどを見つけたらとにかく患部を冷やします。特に危険なのが、左ページのように、全身の10％以上のやけどや皮ふの色が白くなっている場合となります。

子どもは全身に対して頭の比重が占める割合が大きいので、頭や顔のやけどはおとなより重症化しやすく命に関わる危険もあります。これらの場合は、迷わず救急車を呼びます。無理に服を脱がせると皮ふがはがれることもあるので、服は脱がさないようにしましょう。

やけどⅠ度 皮ふが赤くなっている状態

やけどⅡ度 水ぶくれ（水疱）ができている状態

やけどⅢ度 皮ふが白くなったり黒こげになった状態

＊ 国民生活センター「医療機関ネットワーク事業からみた家庭内事故ー子ども編ー」2013更新

あっ!!

子どもがやけどした！

服は脱がさないで！
急いで流水で冷やす

少なくとも **20分**

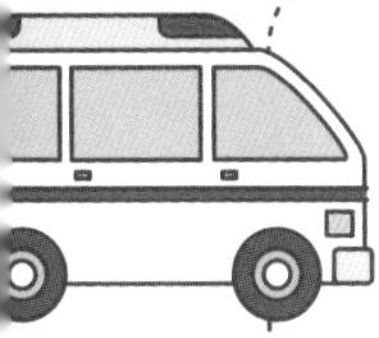

こんなときは迷わず 救急車

CHECK!

- □ 顔のやけど
- □ やけどの範囲が全身の10%以上（片腕・片足で、それぞれ全身の10%に相当。おなかや背中は20%に相当）
- □ 皮ふの色が白くなっている（傷が深い）

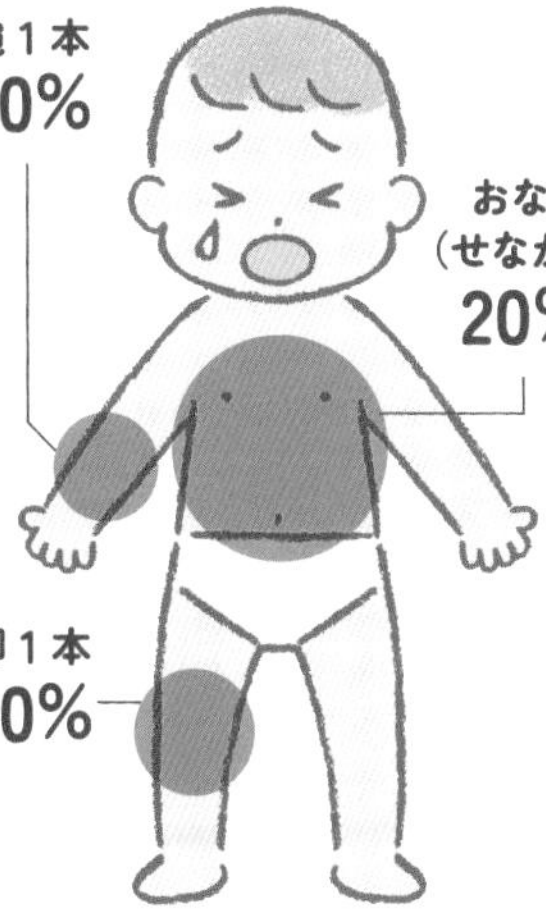

急いで総合病院を受診

CHECK!

- □ 手や足の指をやけど
  皮ふがくっついてしまう危険あり
- □ 陰部をやけど
- □ 水ぶくれができている

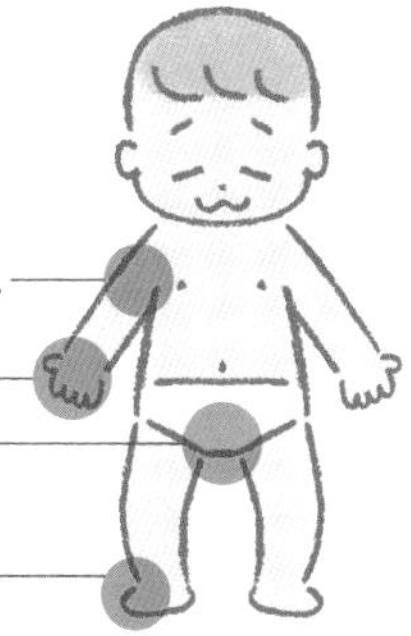

診療時間内に受診

形成外科や皮膚科がおすすめ

CHECK!

- □ やけどの範囲が狭い
- □ 皮ふが赤くなっているだけ

病院を受診すると判断した場合は、やけどした部分に軟膏などはつけずに受診しましょう。

熱いものをかぶって、触って
やけど

- 3歳以下に多い
- 自分で動けるようになる1歳以上になると増加
- 皮ふが薄いため重症化しやすい
- 味噌汁やスープが多い（＊1）

＊1
東京消防庁「STOP! 子どもの事故」2023

なぜ危ないの？

子どもの皮ふは薄いためおとなより深い傷になりやすい

やけどは3歳以下に多い事故で、1歳になって自分で動き回れるようになると増えてきます。

皮ふは年齢が小さいほど薄いため、子どもは成人に比べてやけどの損傷が深くなりやすいのが特徴です。原因は、味噌汁やスープが皮ふにかかる、炊飯器から出る水蒸気に触れるなど多岐にわたります。

意外に怖いのが、ホットカーペットや携帯用カイロによる低温やけど。軽症に見えても皮ふの深部までやけどが進行することも。皮ふの深い部分には神経が通っているうえ、回復も難しくなるので、油断は禁物です。

やけどを見つけたら？
おうちでできる
応急手当

❶すぐに冷やす

①流水で最低20分

●やけどした部位を、流水で最低20分冷やす。

●水の勢い（水圧）は、強くしない。

②服の上から直接水を流す

服の上から熱湯などがかかった場合、服の上から流水などで冷やす。

★無理に服を脱がせると皮ふと服が癒着して一緒にはがれることがあるため、無理に脱がせないこと。

③目や耳は冷たいタオルで

流水を当てられない耳や目などは、水を含ませたり、保冷剤を包んだ冷たいタオルで冷やす。

④水ぶくれはつぶさない

水ぶくれは触ったり破らないようにガーゼなどで保護して受診する。

❷低体温に注意

乳児などの小さい子どもは、身体を冷やすことで低体温になりやすく、意識障害などを起こすこともあるので、冷却中は意識の変化などに十分注意する。

全身やけどの場合には

流水で全身を冷やすと体温が下がりすぎてしまうので、濡れたバスタオルなどで身体を包み、その上から乾いたタオルケットなどで保温。

❸やけどをしたところが赤くなっただけの場合には

①日光を避ける

やけどした部位は、日光に当てないように気をつける。

②入浴は控える

やけど当日の入浴は、控える。

③痛みがある場合は

冷やしても我慢できないくらいの痛みがある場合、自宅に子ども本人に処方された解熱鎮痛剤（商品名：アルピニー座薬・カロナール・アセトアミノフェンなど）があれば、それを使って痛みを和らげる。

熱いものをかぶって、触ってやけどを防ぐためにおうちでできること

熱いものは子どもの手の届かない位置に置く

意外に手が届く範囲が広いので細心の注意を

子どもの手は、おとなが思う以上に遠くまで届きます。やけどの原因は、飲み物やコンロ、アイロンに触れるほか、見過ごされがちですが、炊飯器の水蒸気（湯気）に当たってやけどをすることも。キッチンやリビングなど子どもが入る場所では、熱いものは子どもの手の届かない位置に置くよう、常日頃から気をつけましょう。

手が届かない、頭が出ていない高さ
であっても安心しないで！
子どもは台や椅子などを使います。
おとなが思う以上に、
子どもの成長は早いのです。

子どもを抱きながら コーヒーやスープを飲まない

コーヒーやお茶、カップ麺のスープにも注意

高温の飲み物によるやけどで多いのが、親が抱っこやあやしているときに、手に持っていたコーヒー、お湯を注いだカップ麺のスープなどを誤ってかけてしまうケース。抱っこや、あやしながら熱いものを手にすることは、絶対にやめましょう。

キケン その1

テーブルクロスや ランチョンマット

下にたれたテーブルクロスなどの端を引っぱり、上にある熱い飲み物やポットのお湯などをかぶってしまうケース。テーブルに手が届かないからと安心は禁物。

キケン その2

鍋やフライパンの取っ手

取っ手が手前にあると、お手伝いをしようとした子どもがひっくり返すことも。取っ手は必ず奥側に向けるように習慣づけて。

キケン その3

電源コード

電化製品のコードを引っぱったり、つまずいたりした拍子に、熱い電化製品に接触してやけどするケースです。電化製品は、引っぱると簡単にコードが外れたり、倒れても中身がこぼれたりしないものを選ぶ、コードの位置が1m以上の高さになるよう、部屋のレイアウトを見直すなどして予防しましょう。

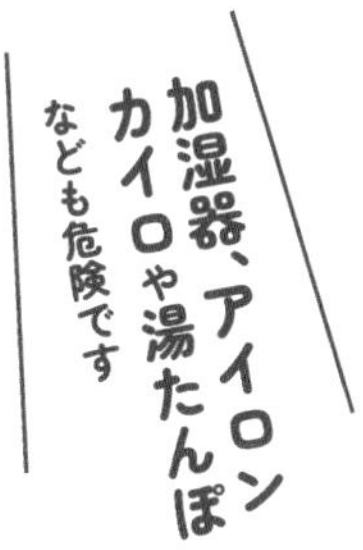

加湿器、アイロン
カイロや湯たんぽ
なども危険です

子どもの皮ふは薄いため ちょっとの熱でも重症になることも

やけどは、ご存じのように皮ふにお湯など熱いものが接して起こるケガです。東京消防庁のデータ（グラフ❶）では3歳以下に多く、1歳になって自分で歩き回れるようになると増えてきます。

原因としてはお茶やコーヒー、熱湯、味噌汁、スープなど、高温の飲み物が多く（グラフ❷）、ほかにも炊飯器などの湯気を浴びたり、ストーブややかんなどに触れる、ポットや鍋をひっくり返す、テーブルクロスを引っぱって上にのっていた熱いスープなどをかぶる…など、ほとんどが家の中で起こり、原因もさまざまです。

実は、私も4歳のころにひどいやけどを経験しています。ある日の夕方、母が天ぷらを揚げている最中に電話が鳴り、母がその場を離れました。私

グラフ❶　年齢別のやけどによる救急搬送人員（令和3年中）（*1）

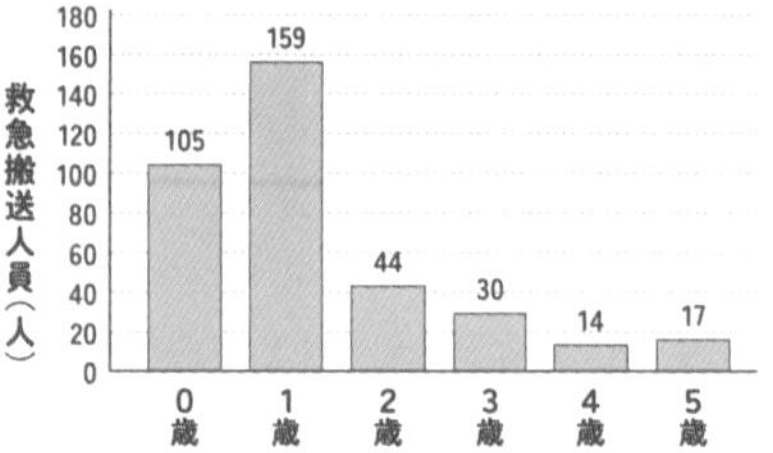

は母の手伝いをしたくて、母の目が離れたすきに椅子によじ登り、鍋の取っ手を動かしたのです。そのとたんに鍋のバランスを崩し、煮えたぎったてんぷら油が足にかかってしまいました。油がかかった両足首は真っ赤に腫れ上がり、病院に担ぎ込まれました。

結果的に入院は3週間に及び、おなかとお尻の皮ふを移植する手術を受けました。今でも私の足の甲は、そのときのやけどの痕が残っています。

もうひとつ、知人の事例を紹介しましょう。

事例

3歳の男児。冬に部屋で遊んでいたときに、やかんののった石油ストーブを飛び越えようとジャンプ。やかんの取っ手に足を引っかけて転倒し、やかんに入っていた熱湯が右足にかかった。救急車で運ばれ、足には大やけどを負った。後で聞いたところ、自分がアンパンマンになって空を飛んでいるイメージがあったと話していたそうです。

グラフ❷　やけどによる事故の原因（令和3年中）（＊1）

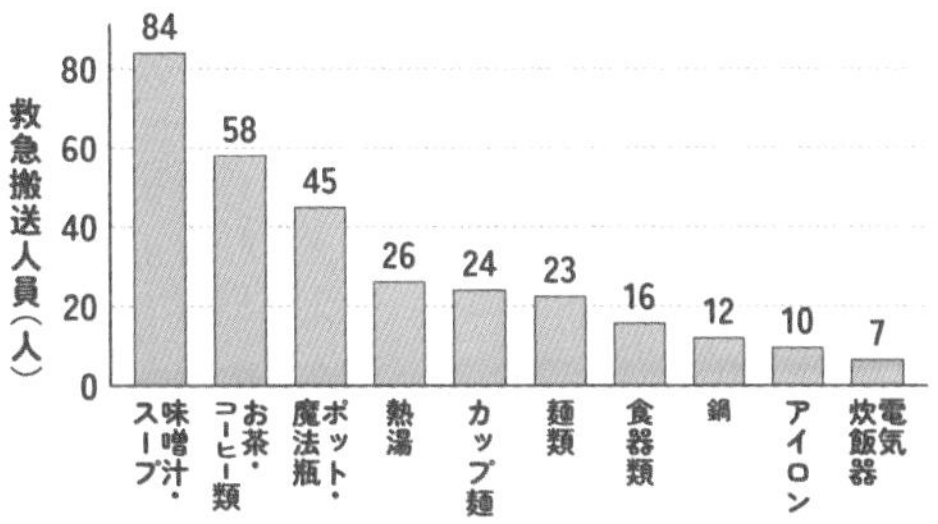

おとなと同じ程度のやけどでも重症化しやすい

子どものやけどで怖いのは、傷が深くなりやすいことです。子どもの皮ふはおとなに比べて薄いため、おとなと同じようなやけどを負っても、傷の度合いが深くなります。

皮ふは、表皮、皮下組織、真皮で構成されています。真皮まで障害を受けるとダメージが大きく、回復も難しくなります。

やけどの範囲にも注意が必要です。全身の10％以上のやけどは緊急度が高く、救急車を呼ぶ必要がありますが、子どもは体格が小さいため、おとなと同じ範囲にやけどを負ったとしても占めるやけどの割合が大きくなります。特に顔や頭の占める割合は大きいため、この部分のやけどは重症化

しやすいので注意が必要です。

「すぐに冷やす」が鉄則。ただし乳幼児は低体温に注意

やけどを負ったら、まずはすぐに冷やすことが大切です。最低でも20分間、患部に流水を当て、十分に冷やします。ただし、服の上から熱湯などがかかった場合は、服を脱がせないこと。無理に脱がせると、皮ふと服が癒着して皮ふがはがれてしまうことがあるからです。水ぶくれができた場合も、あえてつぶす必要はありません。

なお、乳幼児などは、流水などで身体を冷やすと低体温になる恐れがあります。低体温になると意識障害を起こしたり、反応が鈍くなることも。その場合は流水にこだわらず、濡れたバスタオルで冷やすとか、濡れたバスタオルで包んでその上から流水をかける、その後乾いたタオルケットで保温するなどして、体温維持にも気を配りましょう。

電子機器などで やけど（電撃熱傷《でんげきねっしょう》）

- 4歳以下に多い
- 特に1～2歳児に多い
- 電源コードが原因のことが多い

なぜ危ないの？

見た目より傷が深く発達に障害が出る恐れも

やけどのもうひとつのパターンが、電源コードなどを舐めたり、コンセントに金属を突っ込んで生じるやけど（電撃熱傷）です。

特に注意が必要なのが、口の中のやけどです。このやけどの怖いところは、見た目は軽そうでも、表皮だけでなく、より深い真皮や内部の筋肉、血管まで傷ついている恐れがあること。口は「食べる」「しゃべる」をつかさどる器官のため、やけどによってしばらくその部分を使えないと、発達に影響が出ることもあるからです。美容上の問題も生じるため、常日頃の予防が重要です。

もしかして

やけどした？と思ったら

疑わしい場合は万が一を考えて受診を

よくあるのが、機嫌よく遊んでいたのに、目を離したすきに突然泣き始めるパターン。あわてて見に行くと子どもが電気プラグなどを握ったまま泣いていて「口に入れたかも？」と疑うケースです。口の中のやけどは表面から見るとわからない場合もあるので、万が一を考えて迷わず総合病院を受診しましょう。

＼ こんな場合は ／

迷わず受診

CHECK!

- □ 子どもが突然泣き出した
- □ 近くに電源コードなどが散らかっている

★受診のときには

- □ 舐めたらしいモノを持参

やけどを防ぐためにおうちでできること

子どもが触れることを想定した対処を

使用していないときにはコンセントから抜くかタップのスイッチを切る。金属の棒を突っ込むこともあるためコンセントにカバーをするのも◎。電源コード類は損傷がないかを確認しましょう。

CHECK!

- □ 使っていない機器はこまめにコンセントから抜く
- □ 電源コードが劣化や断線していないか点検
- □ 使わないコンセントにはカバーをつける

浅いやけどと思われても必ず総合病院を受診して

電流によるやけど（電撃熱傷）は、家庭内に電化製品が広く普及し出した1950年代から、アメリカで徐々に報告が見られるようになりました。[*1]**米国で電撃熱傷を経験した小児127例の集計では、もっとも多かったのは電源コード（舐めて受傷）、次いでコンセント（指を入れるなどして受傷）でした。** 4歳以下、特に1～2歳に多いケガということがわかっています。

件数としてはそれほど多くはありませんが、実際に私も、電撃熱傷を負った赤ちゃんの治療を経験しています。そのケースは、患者さんである幼児が祖父母の家に帰省した際、古い家電製品のコードを舐めたのが原因でした。コードはプラスチック部分が腐食して金属部分が露出しており、その部分を幼児が舐めたことで感電し、口の中をやけどしてしまいました。

＊1 Zubair M.,et al.,Pediatric electrical burns: management strategies,Burns.1997;23(5)

家庭内の電圧は低いので、すぐに命に関わることはありませんが、電撃傷の怖い点は、表面の傷は小さくてもダメージが深いこと。一見、軽症に見えても皮ふの奥まで損傷し、内部の筋肉や血管まで傷ついている可能性もあるので、軽症だと判断しないで、必ず総合病院を受診してください。

事例

6か月の女児。隣室に母がいる状態で、5歳と3歳の姉との3人で居間にいた。1mほどの高さの棚の上にはヘアアイロンがあり、電源コードは床にあった延長コードに接続されていた。家族が目を離したすきにヘアアイロンのコードを女児が引っぱり、ヘアアイロンが床に落下した。その衝撃で、通常は着脱できないヘアアイロン本体と電源コードの接続部分が破損し、コネクター内部が露出する状態となった。それ

を女児が口にくわえているところを5歳の姉が目撃。姉の知らせで両親が女児の口の中がやけどしているのに気づき、救急受診した。診断の結果、右ほお粘膜と右上あご、舌の右外側部が白く変色しており、入院治療となった（＊2）。

ヘアアイロンは、幼児のいるご家庭でもよく使われており、[＊2]**産業技術総合研究所の障害データベース（2000７～12年）では3件の事故が報告されています。**いずれも、1～2歳の幼児が使用直後のヘアアイロンを触わり、手のひらにやけどを負った例です。

電源コードでの口の中のやけどは、[＊2]**3歳以下の子どもが電気コンセントにつながった状態の電源コードをくわえたことによるものが最多**になっています。ほかには、コンセントへ異物を挿入して感電したり、[＊3]**スマホの充電ケーブルを舐めて舌をやけどした例**も報告されています。スマホの端子は、低電圧（5～12V）のため皮ふに触れても問題はありませんが、口の

＊2 日本小児科学会こどもの生活環境改善委員会Injury Alert（傷害速報）「No42ヘアアイロンによる口腔内電撃症（熱傷）」2013より引用、一部改変

＊3 牧原弘幸他「スマートフォン充電器による小児口腔電撃傷の1例」『愛知学院大学歯学会誌』57(3),2019

粘膜は電気抵抗が低く、電流が流れやすいことからやけどの危険があり、注意が必要です。

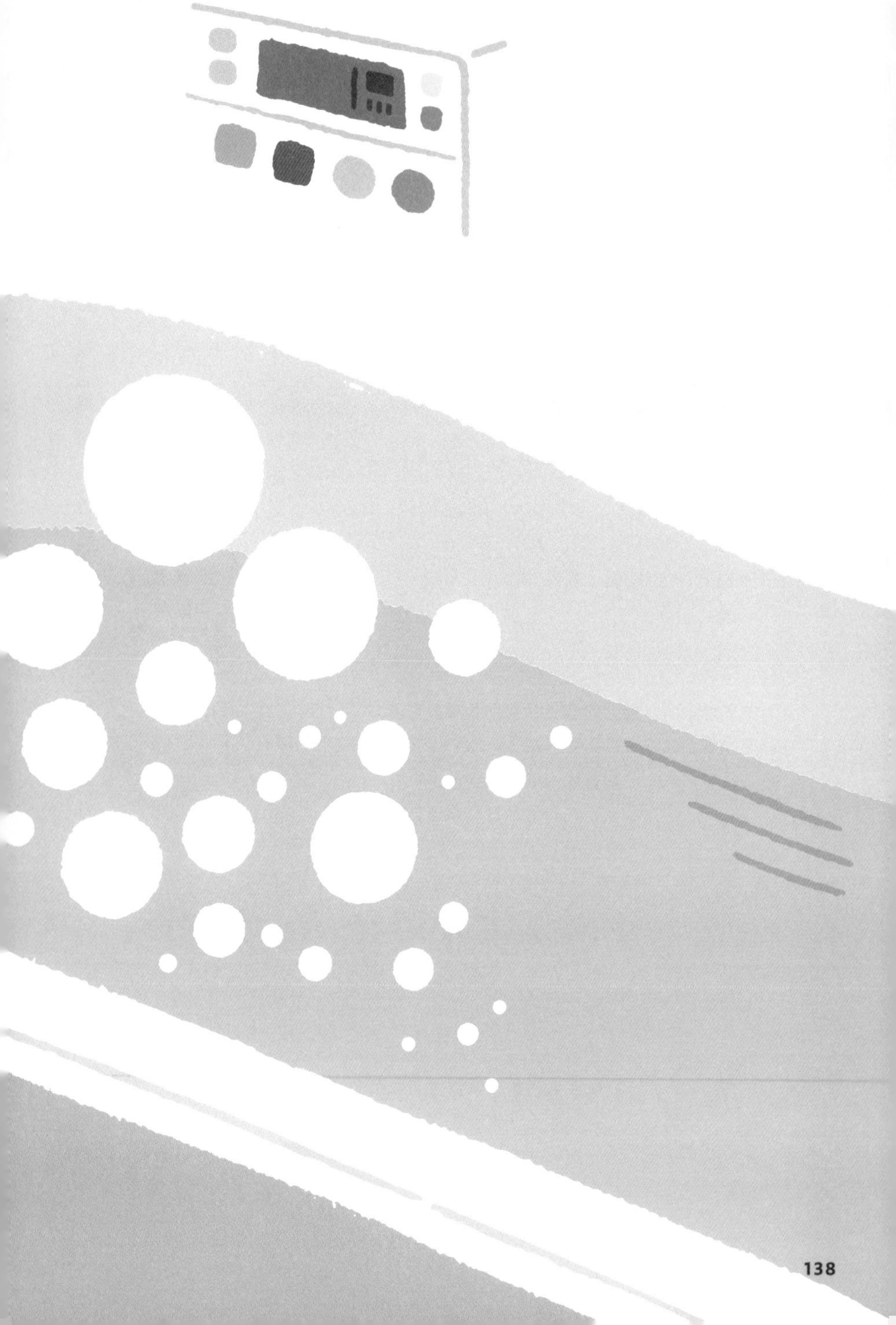

溺れる

① お風呂で溺れる（溺水）

② 川や海などで溺れる（水難）

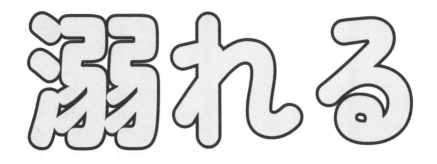

事故の件数は少ないが亡くなった人の割合では断トツ

子どもが「溺れる」事故は件数こそ多くありませんが、いったん事故に遭ってしまうと亡くなる割合が非常に多いのが特徴です。予後がとても悪いのも特筆すべきで、水没時間が6分を超えたり、蘇生時間が長時間にわたる場合は、重い後遺症を残すリスクが非常に高くなります（＊1）。

子どもが溺れる場所というと川や海を思い浮かべますが、実はもっとも多いのが家のお風呂です。溺水事故に遭う年齢でみると、1～3歳の乳幼児と、15～19歳の中高生が多く、2つの山があるのが特徴です（グラフ❶）。

「溺れる」で知っておきたいのは、左ページのように、子どもは「静かに溺れる」ということ。音で気づくはず、という思いこみは非常に危険です。

けれど「一瞬も目を離さない」のが難しいのも事実。水のある場所では重層的に事故予防を行い、万が一の際はその場で適正な心肺蘇生を行いましょう。

グラフ❶　溺水が起きやすい年齢

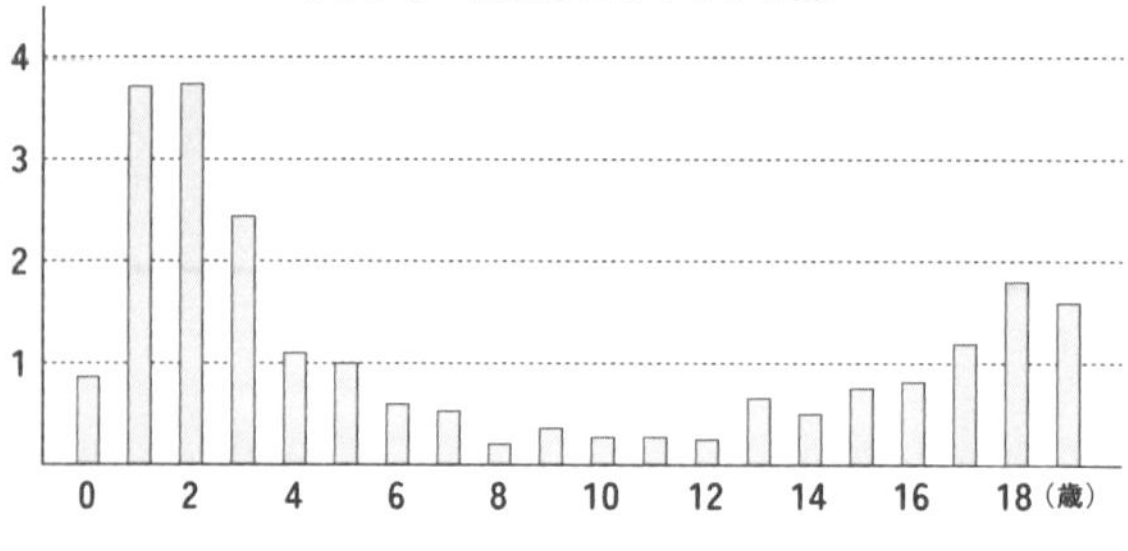

小児人口10万人当たり※の死亡者数（米国2020年）

CDC.WISQARS Fatal Injury Data.

＊1　DennySA.,et al.,Prevention of Drowning.Pediatrics,2021.148(2).

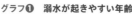

子どもは静かに溺れます！

だから音だけでは気づけない

手や
腕を振って
助けを求める
余裕は
ない
呼吸に
精一杯で
声が
出ない
自分が
溺れていると
わかって
いない
コポコポ
静か
早く沈む

from DOCTOR
×
大きな音
暴れる
騒ぐ
は思いこみ！

溺れるとバシャバシャ音を立てたり、大声を出すと思いこんでいる人が多いですが、実際は音を立てず、静かに、早く沈んでいきます（*2）。呼吸に精一杯で声が出ない、手や腕を振って助けを求める余裕がないなどの理由がありますが、乳幼児は自分が溺れていることを認識できていない可能性も。音では気づけないため、発見が遅れたり、誰も気づかないことも多く、非常に危険です。

＊2　日本小児科学会小児救急委員会「未就学児の家庭内入浴時の溺水トラブルに関するアンケート調査結果」『日本小児科学会雑誌』125(3),2021

お風呂で溺れる（溺水）

- **2歳以下**の多くはお風呂で溺れている
- 残り湯で溺れることもある
- **親と一緒の入浴中に溺れる**こともある
- 多くの親が**「静かで気づかなかった」**

なぜ危ないの？

「足がつくから大丈夫」との安心から油断して子どもから目を離す

6歳まで、特に2歳以下の子どもが溺れる場所で、一番多いのが家のお風呂です。足がつくから大丈夫という安心もあり、子どもから目を離しがちです。特に乳児は首の筋肉の発達が未熟なため、水深が数㎝であっても、いったん倒れて口と鼻が水に浸かると呼吸ができません。

子どもが溺れるときは静かに溺れることが多く、「音で気づくだろう」という思いこみも危険です。保護者が髪を洗っているほんの一瞬に起きることもあります。しかし、その一方で忙しい子育てのなかで事故予防のために「一瞬たりとも目を離さない」は不可能。144ページからの複数の予防策を組み合わせ、子どもを事故から守りましょう。

溺水に気づいたら？

すぐに水から引き上げ意識を確認

**まずは大きな声で呼びかけ
意識があるかを確認する**

すぐに水から引き上げます。呼びかけ、肩をポンポン叩きます。刺激に対して視線が合うかなど確認。吐いたものがのどに詰まらないように、顔は横に。

CHECK!
- □ あおむけに寝かせる
- □ 肩のあたりをポンポンと軽く叩きながら、名前を呼ぶ
- □ 反応があるか確認する

反応がある

すぐに救急外来を受診

CHECK!
- □ 無理に水を吐かせない！
- □ 身体をタオルなどで保温する
- □ 回復体位をとる

回復体位とは、身体と顔を横に向け、上側の足を前に出してひざを曲げる。顔は少し上に反らせ、あごを上げ、手で支える。

反応がない

119番！

こんなときは迷わず救急車

まずは119番通報。そして心肺蘇生を

119番通報し、近くに人がいるなら助けを求めましょう。呼吸がない場合は、胸部圧迫と人工呼吸による心肺蘇生を行います。

CHECK!
- □ 救急隊との会話はスピーカーモードで！
- □ 周囲に人がいるなら近くにAEDがないか探してもらう

＋

呼吸をしてなかったら 心肺蘇生

救急隊が来るまで、もしくは意識が回復するまで続けましょう。途中でやめてはいけません。

やり方は４～７ページに。
万が一に備えて、事前に講習会などで応急手当のやり方を学んでおくとよいでしょう。

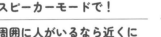

お風呂で溺れるを防ぐためにおうちでできること

子どもだけで入浴させない

入浴中は家の中の他の用事に気をとられない

自宅にいると、さまざまな用事に追い立てられがち。子どもがお風呂で機嫌よく遊んでいたりすると、つい「今のうちにこれだけやってしまおう」と、浴室から離れてしまいたくなります。しかし、その一瞬が事故につながることも。「子どもは静かに溺れる」ことを念頭に置き、入浴中は右の注意事項をできるだけ厳守しましょう。

CHECK!（*1）

- □ 入浴中は電話に出ない
- □ 自分が洗髪のときは子どもを湯船から出すか、頻繁に声がけをする
- □ 幼児だけを浴室に残さない
- □ できれば複数のおとなが関わる（おとなが先に入り、出るときは子どもを先に出す）

＼ 知っておこう！ ／

水深20㎝を超えると溺れるリスクが増大します

子どもは、水深2.5㎝を超えると溺れる可能性があります。20㎝を超えると、特に溺れる危険性が大きくなる(*2)ので、注意が必要です。

チャイルドロックや柵などで浴室に入れないようにする

ひとりでお風呂に近づけない工夫を

お風呂での事故を防ぐためには、子どもひとりでお風呂に近づけないことも大切。浴室のドアに鍵をつける、お風呂への通り道にはチャイルドロックや柵などを設けるといった工夫をしましょう。

*2　Celis A.,et al.,A search for a safer bucket to prevent children drowning at home. J Inj Violence Res,2017.9(2)

親の気づかぬ間に浴室に入る危険も

お風呂の水をためっぱなしにしておくと、保護者の気づかない間に浴室に入り溺れる危険も。入浴した後は、必ずお湯を抜く習慣をつけましょう。

バスタブに残り湯をためない

おもちゃをとろうとして頭から落下することも

水面に浮かんだおもちゃをとろうと上半身を乗り出すと、頭が重い分バランスを崩して頭から水に落ちて溺れることに。おもちゃは必ず片づけて。

おもちゃを浴槽に入れっぱなしにしない

浮き輪を使わない

赤ちゃん用の首浮き輪や足入れ浮き輪などはプール用。浴室では使わない！

浴室内の便利グッズとして使用されることがある「足入れ浮き輪」「首浮き輪」、胴回りにフィットする「ボディリング」など。本来は浴槽内で使用されることが想定されておらず、事故につながるケースも報告されています。このような状況から、アメリカ小児科学会は「救命胴衣の代わりとして使うべきではない。子どもや保護者に誤った安心感を与える可能性がある(＊3)」と注意喚起を行っています。

乳児用の首浮き輪

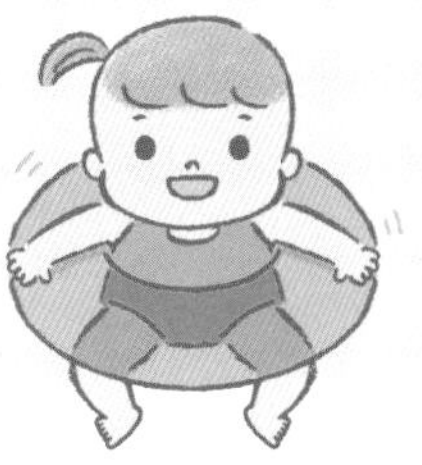

足入れ浮き輪

帰省中の実家でこそ気をつける

おとなが複数いるから安心とは限らない

帰省時や旅先などは、普段のように事故予防策がとられている環境ではありません。おとなが複数いても、実は誰も見ていなかった、ということも起こりえます。実家のお風呂は溺水リスクが高いと意識しておくのがよいでしょう。

実は、家のお風呂が「もっとも危険」だと自覚を

不慮の事故による子どもの死亡で、交通事故に次いで多いのが溺水です。

事故件数自体はそれほど多くないものの、亡くなる割合が多く、**グラフ❷は1～14歳までの交通事故以外の死亡原因を示したもので、溺水が半数以上を占める**ことがわかります。万が一、命を取り留めても、重い後遺症を残すことも多く、非常に怖い事故といえます。

なかでもグラフ❸**特に6歳以下で多いのが、家のお風呂での溺水**です。本書スタッフの知人の悲しい経験をご紹介しましょう。

事例

1歳の男児。平日の午前中、母とふたりで家にいたときのこと。いつも

グラフ❷　交通事故を除く不慮の事故の死亡要因

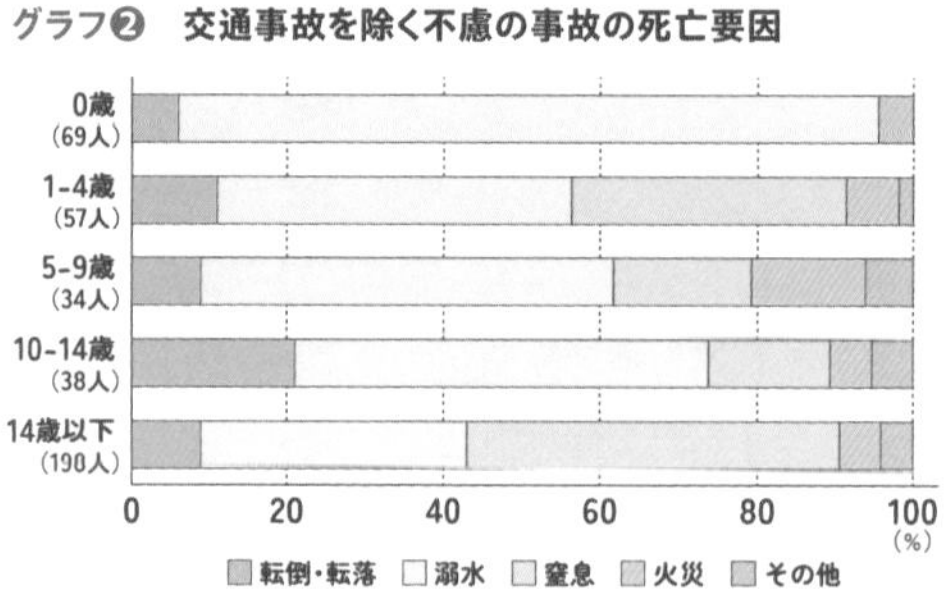

＊平成30年版消費者白書「子どもの事故防止に向けて」

のように家事をしていて、ふと気づくと、子どもの姿が見えないのに気づいた。家の中を探したら、バスタブに10㎝ほどたまっていた残り湯に、うつ伏せで浮かんでいるのを発見。いつもはお湯をすべて抜いているのに、その日に限って湯が残っていた。救急搬送したが、死亡した。

子どもは、水深2・5㎝を超えると溺れる可能性があるといわれ、水没時間が6分を超えると命に関わり、たとえ助かったとしても脳に後遺症が残る可能性が高くなります。ほんのちょっとの水、時間が、まさに命取りになるのです。

「おとなが家にいるのに、どうして？」と思いがちですが、家事をし

グラフ❸　どこで溺れるの？

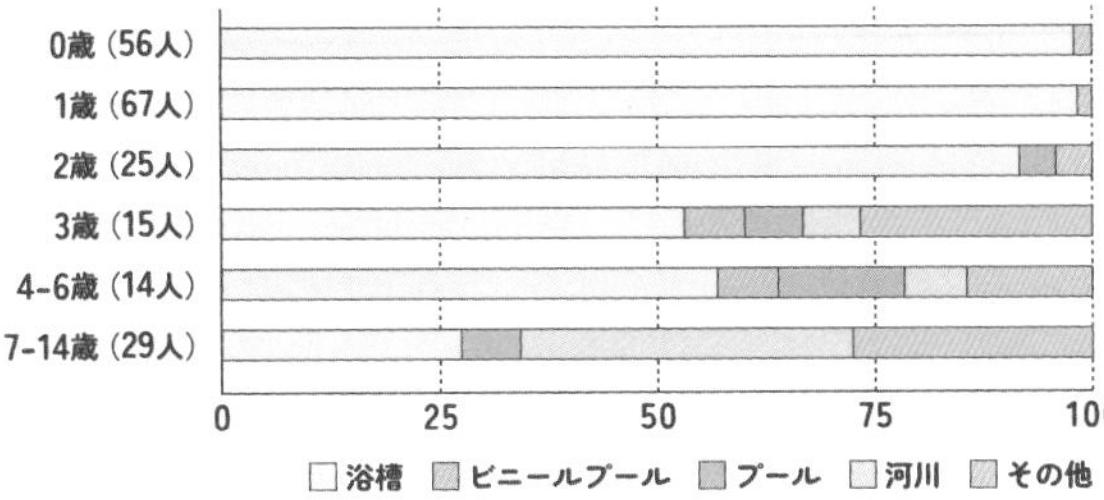

＊平成30年版消費者白書「子どもの事故防止に向けて」

ながら子どもから一瞬も目を離さないでいることは現実的には無理ですよね。しかも、子どもが溺れるときは、バシャバシャ音を立てたり、大声をあげたりしないことがほとんど。静かに、すぐに溺れてしまいます。「音がするから気づけるはず」という思いこみは、大きな間違いなのです。

浴槽内の浮き輪使用に注意

お風呂の事故でもうひとつ気をつけてほしいのが、赤ちゃん用浮き輪の使用です。主に足入れ浮き輪と首浮き輪、ボディリングなどがあり、入浴用便利グッズとして使用しているご家庭もあるかもしれませんが、本来はプール用。お風呂用ではありません。浴室での事故の報告も複数寄せられています。

足入れ浮き輪による事例をご紹介します。

事例

8か月の男児。午後10時半過ぎ、自宅のお風呂で、いつも使用している足入れ浮き輪を使って入浴させていた。母が着替えをとりに1～2分ほど目を離した。その後、浴室に戻ると、浮き輪の中に男児がいないことを発見し、見ると浴槽の中に沈んでいた。浮き輪はひっくり返ってはいなかった。すぐに浴槽からすくい上げて、同居している祖母に助けを呼んだ。唇が青紫色で呼吸をしていなかったので、祖母に救急車を呼んでもらいながら人工呼吸を20回ほどしたところ、少量の水を吐いた。それでも反応がなかったため、胸骨圧迫を20回ほど行った。徐々に反応が見られるようになり、救急車が到着したときには泣き声を上げていて、酸素吸入をしながら病院に救急搬送された。酸素投与や吸引の後、気管挿管をして集中治療室へ。肺炎を合併していたが3日後に一般病棟へ移ることができ、後遺症などもなく5日後に無事退院した（＊3）。

＊3 日本小児科学会こどもの生活環境改善委員会Injury Alert（傷害速報）類似事例「赤ちゃん用浮き輪による溺水（No.4 浴槽用浮き輪による溺水、No.18 解決したはずの浴槽用浮き輪による溺水（2009年3月、10月の2例）の類似事例1）」2013より引用、一部改変

足入れ浮き輪は、浮き輪の真ん中にパンツ型のシートがついていて、そこに足を入れて座った状態で浮くことができる構造になっています。一見安全そうですが、乳幼児は頭が大きく、重心が高いため、水深の浅いお風呂などで底を蹴り上げるとバランスを崩し、転倒しやすくなります。いったん転倒をすると、重い頭が水に潜ってしまうために自分では起き上がれず、シートから自力で足を抜けないこともあり、そのまま溺れてしまう可能性が高いのです。

次は首浮き輪による事例をご紹介します。

事例

1歳6か月の女児。母と入浴中、女児が首浮き輪をつけてひとりで湯船に入り遊んでいた。母は洗髪で目を離していたところ、1〜2分で音が聞こえなくなり、見ると女児の唇が青紫色になって、便ももらしていた。浮き輪で鼻がふさがれ、口は水面下にある状態だった。浮き輪のベルトは締

めていたが、やや空気が抜け気味だった。背中を叩き、2分ほどすると白いものを吐き、意識が回復。10分ほどで顔色も回復した。その後、夜間救急センターを受診し、経過観察のために大きな病院に入院した。呼吸状態や血液検査、胸部レントゲン写真ともに問題なく、2日後に退院した（＊4）。

首浮き輪は、乳幼児用の首掛け式の浮き輪で、本来プレスイミングのツールとして開発されたものです。ところが、保護者がひとりで入浴させなければならない場合に、便利な育児グッズとして使ってしまうケースも見られます。製造業者は「浮き輪を使用中は、子どもから一瞬でも目を離さないように」という注意喚起を記してはいますが、難しいのが現実。使用の危険性を十分に知っておいてほしいと思います。

なお、首浮き輪でさまざまな刺激を与えることで、知育効果が期待できるという意見もありますが、特に明確な発達を促す効果は現時点で証明されておらず、**FDA（アメリカ食品医薬品局）も発達を促す目的での使用**[＊5]

＊4 日本小児科学会こどもの生活環境改善委員会Injury Alert（傷害速報）類似事例「首浮き輪による溺水（No.32 首浮き輪による溺水の類似事例1）」2013より引用、一部改変

＊5 FDA:Do Not Use Body Neck Floats Due to the Risk of Death or Injury: FDA Safety Communication, 2022

を推奨しないと声明を出しています。

重層的な対策で、子どもを溺水から守ろう

お風呂での子どもの溺水を防ぐために常に見守りましょうといっても、「一瞬も目を離さない」のは無理なこと。現実的ではないですよね。**事故予防には、以下のような対策を重層的に行うことがポイント**です。[*1]

●浴槽の残り湯は抜いておく

●保護者は、浴室やプール、排水口、池などの近くでは幼児をひとりにしたり、ほかの子どもの世話をしない

●子どもだけでお風呂に入れない

●お風呂に子どもと入っているときは、電話の使用をはじめとする外とのコミュニケーション、雑用、飲酒など注意を損なう可能性のある活動をしない

●お風呂から出た後の浴槽に、おもちゃを置きっぱなしにしない（おもちゃ

が気になった子どもを浴槽に引き寄せる可能性があるため）

●**浴室のドアは外から鍵がかかるものにする**

●**子どもだけで浴室に近づけないよう、柵などをつける**

●**おとなと一緒に入浴する習慣をつける**

●**赤ちゃん用浮き輪は使わない**

●**心肺蘇生の方法をあらかじめ学んでおく**

そして、気をつけてはいても万が一、事故が起きたら、速やかに救命処置を行うことも、念頭に置いておきましょう。

COLUMN

ビニールプールも水をためっぱなしにしないで

家遊びでの小さなビニールプールでも、事故は起こっています（＊7）。ビニールプールは、水を入れっぱなしにしがちで、気づかないうちに子どもだけで近づく可能性があること、家の中なので、家事でおとながその場から離れることが事故の原因になりがちです。①使用後はすぐに水を抜く　②親の知らない間に近づかないようドアロックなど工夫する　③親の腕が届く範囲で子どもを見守る……などを守って楽しみましょう。

＊7　東京消防庁「夏に多発する事故から尊い命を守ろう．2019」

川や海などで溺れる（水難）

- 16歳17歳に特に多い
- 思春期の子の溺水は10歳未満の2倍
- 水難救助中の二次災害は15％

なぜ危ないの？

3歳以降の子どもの水難事故は河川での発生が多い

水の事故が起きる場所は2歳以下が圧倒的に家のお風呂が多いのに対し、3歳以降は河川での事故が増えます。15〜17歳では最多で、その溺死率は、10歳未満の子どもの3倍以上にのぼります（＊1）。子どもだけで出かけることが増え、自分のスキルの過大評価や危険な状況の過小評価、ハイリスクな行動をとりやすいなどの複数の要因が関連していると考えられます（＊2）。

河川の事故で怖いのは、水難救助行動中の約15％で二次災害（多くは死亡・行方不明）が起きていること（＊3）。予防策とともに、正しい救助方法を知ることも重要な対策です。

＊1　SAFE KIDS WORLDWIDE.Hidden Hazards:An Exploration of Open Water Drowning and Risks for Children.2018
＊2　SAFE KIDS WORLDWIDE.Keeping Kids Safe In and Around Water:Exploring Misconceptions that Lead to Drowning. 2016
＊3　河川財団「no more 水難事故2022」

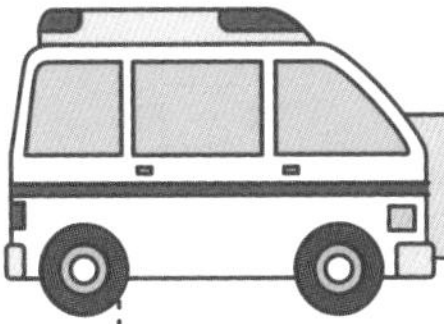

迷わず救急車 119

溺水に気づいたら？

救助のために水に飛び込まない！

溺れている人がパニックで救助者にしがみつくため、一緒に溺れてしまう恐れがあります。絶対にひとりで水に飛び込まないこと！　必ず周囲の人に助けを求め、自分たちの安全を確保してから複数人で救助しましょう。

❶大声で周囲の人を呼ぶ

CHECK!
- □ AEDを持ってきてもらう
- □ 救急車を呼んでもらう

❷浮くもの・長いものを探し、溺れている人の近くに投げ入れる

可能な限り水中に入らず、陸上で救助を行うこと。救助者もライフジャケットを着用することが重要です。

浮くもの
浮き輪、ペットボトル、クーラーボックスなど

長いもの
棒、板切れ、ロープなど

救助できたら？ 救急車を待つ間にしておきたいこと

呼吸がある

CHECK!（P143参照）
- □ 無理に水を吐かせない！
- □ 身体をタオルなどで保温する
- □ 回復体位をとる

呼吸がない

❶胸骨圧迫と人工呼吸による心肺蘇生を開始

❷AEDが到着したら装着して指示に従う

救急隊が来るまで、もしくは意識が回復するまで続けましょう。途中でやめてはいけません。

やり方は4～7ページに。
万が一に備えて、事前に講習会などで応急手当のやり方を学んでおくとよいでしょう。

川や海などで溺れるを防ぐためにおうちでできること

❶溺れない準備をする

ライフジャケット着用

ライフジャケットは、「水中のシートベルト」。着用していれば、流れのある水中でも常に頭が水面上にあり、楽に呼吸でき、助けを呼ぶことも可能です。年齢や身体の大きさ、用途に合わせたものを選び、正しく装着しましょう。

おとなは子どもの川下に

川には流れがあり、その強さとエネルギーは想像以上。万が一子どもが流された場合、おとなが上流にいると、救助が間に合わないことも。必ずライフジャケットを着用し、子どもよりも下流側にいるようにしましょう。

子どもの監視役を決める

川や海で遊ぶときは、こまめな監視が必要です。加えて質がとても大事。誰か見ていると思っていたら誰も見ていなかったということがないように、監視役を明確に設定するようにしましょう。

サンダルでなくウォーターシューズ

ビーチサンダルや樹脂製サンダルは脱げやすく滑りやすいため、川ではとても危険。脱げにくく、滑りにくいウォーターシューズやかかとがしっかり固定できるスポーツサンダル、水はけのよい運動靴を装着しましょう。

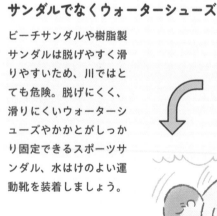

❷ 溺れないための知識を身につける

子どもは静かに溺れる

子どもが溺れるときは、大げさに水面を叩いたり、助けを求めるように声を出さず、静かに溺れます。子どもが遊んでいるときは音を立てるものと考え、静かなときは、溺れている可能性もあると念頭に置いておきましょう。

人間はひざ上の水深だと自由に動けない

人間はひざ上の水深だと自由に動けないうえ、川のように流れのある場所ではひざ程度の浅さでも流されてしまいます（＊3）。体重の軽い子どもは、より抵抗力が弱く、おとな以上に流される危険が大きいことを知っておきましょう。

天気予報を常にチェックする

今いる場所が晴れていても、上流で雨が降れば水量が増えることに。突然の雷雨など急な気象変化もあるので、活動中は常に気象情報をチェックし、悪天候の場合は中止や予定変更をしましょう。

＼ 知っておこう！ ／

水難救助中の15％で二次災害が発生しています！

溺れている人を救助しようとした人が災害に遭う危険は15％も（＊3）。二次災害を防ぐためにも、可能な限り水に入らずに救助する方法を知っておくことが大切です。

河川は身近であるとともに不慮の事故に遭いやすい

毎年夏になると報道されるのが、河川や海での子どもの水難事故です。河川での水難事故に遭いやすい年齢は、3歳以降から増え、[*1]**特に15〜19歳では溺水による死亡事故の75%が河川などの自然水域で発生。その人数は5〜9歳の3倍以上にのぼります。**この年齢は子どもだけで出かける機会が多くなるうえ、橋の上から飛び込むなど、思春期ならではの危険な行動が事故を引き起こすことも原因になりがちです。河川は子どもにとって身近であるとともに、不慮の事故に遭いやすい場所でもあるのです。

いったん水難事故に遭うと、たとえおとなであっても死亡や重体など重大な結果を招くケースが多く、何よりも事故を未然に防ぐことが大切です。[*3]**河川財団の資料によれば、事故の多くは、夏休みやレジャーなどで河川**

利用の機会が増える7～8月に集中。時間帯で言うと、14～15時前後をピークとして、13～17時までの4時間に集中しているのも特徴です。

場所にも特徴があり、夏場のレジャーの川遊び、バーベキュー、キャンプによく利用される中流域の大きな河川のある場所や、上流域のキャンプ場が大半を占めています。

事故パターンでみると、幼児や小学生では河岸から転落して溺れてしまうケースが多くみられます。特にひとりで遊んでいて転落すると、初期対応や救助行動ができず、死亡事故に直結してしまうことが多い傾向です。

中学生になると、川遊びや遊泳中の事故が増加。危険箇所や増水時の川遊びが事故につながるケースも見受けられるようになります。

川や海での事故を防ぐために

川や海での水難事故を防ぐためには、次のようなポイントが大切です。

●河川では必ずライフジャケットを着用する

なお、膨張式アームバンドや首浮き輪は安全を守るために設計されておらず、空気が抜ける可能性もあり、ライフジャケットの代用になりません。

●保護者はできるだけ、子どもより川下にいる

●川ではビーチサンダルでなく、ウォーターシューズをはく

●監視役を明確にする

子どもだけで水辺に行かないことは非常に大切ですが、河川財団の報告では、水の事故は家族連れやおとなに引率されたグループでも少なからず起きています。おとなが複数いても大丈夫とは限りません。監視は質が大切。誰がいつ監視を担うのか、役割を明らかにしておきましょう。

知識を身につけておくことも必要です。

●河川の危険な流れの知識を得る

ひとくちに川と言っても、場所によって深さや流れの様子が異なります。また、川の水の流れの力は考えるよりずっと強大。流れの速い場所などでは、一瞬で流されてしまうことも覚えておきましょう。

●水中には外からは見えにくい危険がある

川の中は、陸上からはよく見えません。今いる場所が浅くても、一歩先に深みがあるかもしれません。見えない場所に岩があったり苔が生えていて滑りやすいこともあります。

●天気予報や場所情報を確認する

今いる場所で雨が降っていなくても、上流で雨が降ると水かさが急に増えることも。インターネットなどで、周辺地域の詳細な天気予報をリアルタイムで入手するようにしましょう。

ほかにも、河川の水位情報や放流情報を伝える国土交通省の「川の防災情報」や、地図上で水難事故の発生箇所や発生情報がわかる「全国の水難事故マップ」などで、活動場所の情報をしっかりと確認しましょう。

●子どもは静かに溺れる

楽しそうに遊んでいるから、と気を許すのは禁物。溺れるときに騒いだり、大声を出すのは、映画の中だけです。

二次災害を招かないための知識も必要

水難救助で注意すべきなのが、救助に行った人が溺れる二次災害です。水難救助を行ったうちの約15％が遭遇するとされ（グラフ❶）、多くは死亡、または行方不明という悲しい結果を招いています。

二次災害が起きるのは、「家族連れ」「中学生以下の子どもだけのグループ」「おとなに引率された子どものグループ」など、子どもが含まれるグループが多いのも特徴です。親などの同行者が、溺れた子どもを助けようと飛び込むなどして二次災害に巻き込まれるケースが多くなっています。

このような状態を招かないためにも、自分以外の人が溺れた場合には、決してむやみに飛び込まないことが大切です。溺れている人を発見した場合はやみくもに飛び込まず、浮くものやロープを投げる、など具体的な対

グラフ❶　水難救助中の二次災害の多くは死亡・行方不明

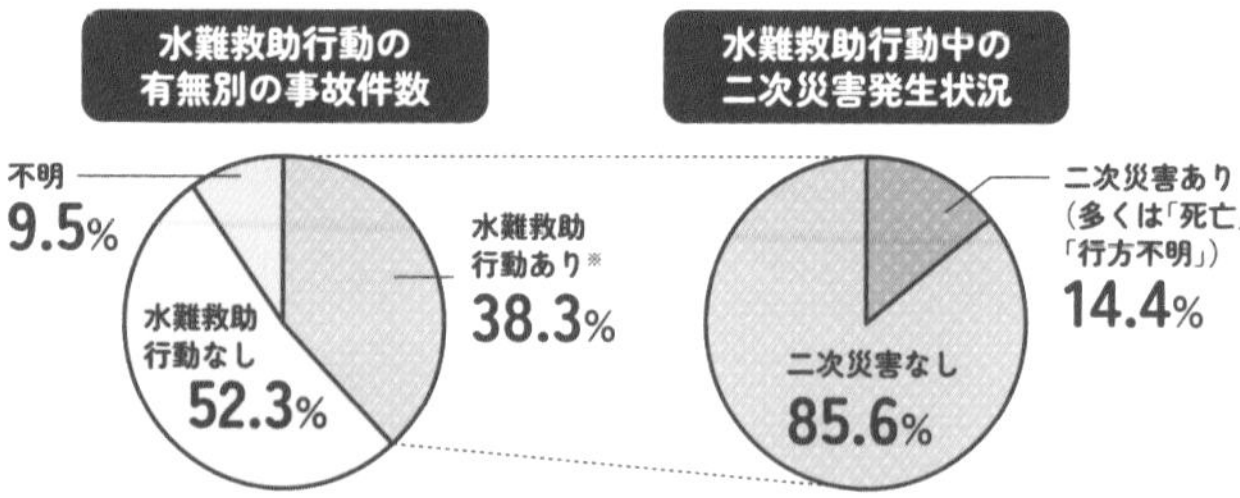

※居合わせた人による救助行動等（手や棒を差し伸べる・飛び込む・ロープを投げる・見失った同行者を捜そうとして川に入る等の行動全体を含む（＊3）

処方法を知っておくこと。これらの知識は公益財団法人である河川財団の「水辺の安全ハンドブック」にわかりやすくまとめられているので、参考にするとよいでしょう。

プールでの溺水を防ぐために

3歳を過ぎるとプールでの溺水が増えてきます。[*4] プールでの溺水予防でもっとも大事なのは監視体制です。

プールには監視員（ライフガード）がいますが、**アメリカの報告ではプールの溺水の3分の1はライフガードがいるプールで起きているとされています。**[*5] したがってライフガードがいるプールでも、付き添いのおとなによる監視が必要です。

川遊びなどではライフジャケットは常識となりつつありますが、プールでは必ずしもライフジャケット着用が明記されているわけではありません。

*4 平成30年版消費者白書「子どもの事故防止に向けて」

*5 Schwebel DC., et al., Lifeguards: a forgotten aspect of drowning prevention. J Inj Violence Res. 2010 ;2(1)

たとえば2019年に8歳の女の子がレジャープールに浮かぶ大型マットの上で遊んでいた際、プールの中に落ち、マットの下に潜り込んで亡くなってしまう事故がありました。女の子はライフジャケットを着用していましたが、ライフジャケットの浮力によりマットの下から脱出できず、そのまま溺れてしまったケースです。

こういった事例もあるため、プールでのライフジャケット着用時には注意が必要です。もちろんライフジャケット着用が安心感につながる可能性はありますし、水深が深いプールでは施設から推奨される場合もありますので、メリットとデメリットを考えて活用していただきたいと思います。

なお、**消費者庁はプールでの対策として、**[*6]

●飛び込みやプールサイドからのジャンプは重大事故につながるため安全な入り方を知ること。排水溝に近づかないこと

●遊具や台の下にもぐらないこと

●体調がすぐれないときは遊ばないこと

＊6 消費者庁「もうすぐ夏本番！外出先での子どもの水の事故に御注意ください！」2021

の3点を挙げています。

レジャー施設だけではなく、保育施設や学校のプール行事でも監視が重要です。

最近は監視の有無だけでなく質が大事と強調され、明確に役割を分け、水の中に入って指導する教員とは別に、確実にプールの外から監視する役割の先生が必要とされています。

監視役の先生は、プール時間の間、忙しそうにしている同僚の水泳指導役の先生を一緒に手伝いたくなる気持ちになりがちですが、監視という非常に大事な役割を担っていますので、子どもたちの安全を守るためにも、この点は徹底した役割分担が必要です。

監視する際は1か所で行うのではなく、移動しながら行ったり、監視の高さを変えるなどして死角を減らす工夫も重要になります。

熱中症

① 乳幼児の熱中症

② 乳幼児の車内熱中症

③ 中高生の熱中症
（スポーツ熱中症）

梅雨明けの暑い日がもっとも危険 屋内で発症することも

熱中症とは、暑さによって生じる障害の総称です。特に湿度が高いと汗がうまく蒸散できず体温が下がりにくいため、梅雨明けの暑い日がもっともリスクが高まります。閉めきった室内でもが発生するので、油断は大敵です。

子どもはおとなに比べて汗をかきにくく、体重当たりの体表面積が大きいなど、おとなより熱中症のリスクが高くなります。特に重症化に陥りやすいのが、乳幼児の車内熱中症、スポーツ活動中の中高生の熱中症で、命に関わる可能性もあり、予防が重要です。

＼119番！／

Ⅲ度〔重症〕
・汗の出方が異常
・異常な高体温

CHECK!
- □ Ⅱの症状が当てはまる
- □ 呼びかけへの反応がおかしい
- □ けいれん
- □ まっすぐ走れない
- □ 異常な高体温
- □ 尋常じゃない発汗もしくは汗が出なくなる

＊血液検査で肝臓や腎臓の障害が見つかることも

Ⅱ度〔中等症〕
・発汗あり

CHECK!
- □ 頭痛
- □ 吐き気
- □ 嘔吐
- □ だるい
- □ ぐったりしている
- □ 意識はある

＊夏に流行する胃腸炎などの感染症と症状が似ている

Ⅰ度〔軽症〕
・発汗あり
・平熱

CHECK!
- □ めまい
- □ 立ちくらみ
- □ 筋肉痛（こむら返り、脚がつるなど）
- □ 汗がどんどん出てくる
- □ 手足がしびれる
- □ 気分が悪い
- □ 意識はある
- □ 体温は平熱～微熱

あっ!!

子どもが熱中症！ → 身体を冷やして水分を与える

❶涼しい場所に移し、あおむけに寝かせる

クーラーが効いた室内などの涼しい場所に移動し、あおむけに寝かせます。

❷身体を冷やす

服をゆるめ、保冷剤や濡れタオルで、太い血管のある首・脇の下・太もものつけ根などを冷やします。肌に水をかけたり、濡れタオルなどで拭き、厚紙などであおぎます。

✕ エタノールや制汗スプレー

汗腺をふさぐ制汗剤、皮ふから吸収されるアルコールは、熱中症の応急処置として推奨されていません。

✕ 氷風呂

子どもは冷水の影響を受けやすく、急激な冷却は低体温から不整脈を起こすことなどもあり、逆に危険です。

❸水分を与える

治療には経口補水液がおすすめ。意識レベルが悪い、嘔吐がある場合は、水分摂取は控えてください。

すぐに救急外来を受診

CHECK!

- □ 水分が飲めない
- □ しばらくたっても症状が改善しない
- □ 上記の症状はあるが意識障害はない

ぐったり感が強ければ救急車を！

こんなときは迷わず救急車

CHECK!

- □ 意識が悪い
- □ けいれんしている

乳幼児の熱中症

- 梅雨明けの30℃以上の日は要注意！
- 子どもだけでなく保護者自身の熱中症にも気をつけて
- 熱中症の予防目的で経口補水液は不要

なぜ危ないの？

身体的な特徴から熱中症のリスクが大きい

まず知っておきたいのが、乳幼児はおとなよりも熱中症にかかりやすい、ということ。左のイラストのように、乳幼児ならではの身体の特徴が大きく影響しています。症状をうまく言葉で伝えられないことに加え、遊びに熱中してのどの渇きを忘れてしまうことも、熱中症になりやすい要因です。予防としては、水や麦茶を与える、塩分は梅干しや味噌汁など食事で補い、温度調節や外出時の休憩をこまめにするなど。おとながコントロールすることが大切です。

熱や頭痛、嘔吐、筋肉痛など他の感染症と症状が重なることもあり迷いがちですが、ポイントは「暑い環境にいたかどうか」。不安な場合は、遠慮せずに医療機関に相談しましょう。

赤ちゃんは高温多湿がおとな以上に苦手です

【乳幼児の特性】

熱中症？ それとも他の病気？ と迷ったら…

まずは暑い環境にいたかどうかがスタートライン。
悩ましいときは医療機関に相談を！

乳幼児の熱中症を防ぐためにおうちでできること

服装

帽子や衣類など物理的防御で熱中症を予防

帽子のつばが7㎝あると紫外線を約60%カット。吸湿性や通気性のよい速乾性の素材で、七分袖や襟付きなど身体を覆う部分が多い服ほど安心です。

●薄い色の服　●帽子の着用　●吸湿性や通気性のよい素材

日焼け対策

日中の外出を避け、日焼け止めで対策を

紫外線の強い10～14時の屋外活動は避け、外出は極力早朝や夕方に。生後6か月以降、30分以上直射日光に当たる外出では、皮ふにトラブルのないところに赤ちゃん用の日焼け止めを塗りましょう。

●つばの広い帽子　●肌を露出しすぎない
●保冷剤の併用　●直射日光を避ける

ベビーカー

日よけで紫外線をカットして

ベビーカーは地表から近く、照り返しなどで暑い環境に。日よけで直射日光を避けるとともに、ビニールの雨よけは内部の湿度が上がるため、適度に空気の入れ替えを。

●日よけカバー　●雨よけカバーを外す
●保冷剤の併用　●直射日光を避ける

体調管理

元気な身体づくりが基本

食事はしっかりとり、睡眠は十分に。特に午後のお昼寝は効果的です。胃腸炎や風邪などにかかっていると熱中症になりやすいので注意します。

- お昼寝
- 食事はきちんと
- 味噌汁

暑さに慣れさせる

外遊びなどで暑さに強い身体づくりを

急に暑さに当たると、身体の調節が追いつかずハイリスクに。日頃から適度に外遊びをして、身体を暑さに慣れさせておきましょう。

屋内でも油断しない

高温多湿な屋内には注意

日差しのない屋内でも、日の当たる窓辺や、閉めきった体育館などは、湿度も高くなり屋外と同様に注意が必要。遮熱や通風、冷房を工夫し、水分補給を心がけて。

- 日の当たる窓辺は注意
- 夜間も冷房を使用
- 適度な水分補給

こまめに水分を与える

十分な水分と電解質(塩分)補給を心がけて

水分摂取は水かカフェインレスな麦茶で十分。スポーツドリンクは糖分が多めなので量に注意が必要です。

- 予防目的で経口補水液やスポーツドリンクを与えない
- 麦茶か水
- 授乳中は母乳やミルクを
- 食事のときは塩分補給を意識して味噌汁を

暑さ指数をマメに確認する

＊詳しくは197ページに！

暑さ指数が28を超えるとキケン！

乳幼児は熱中症にかかりやすいという認識を持って!

まず、覚えておいていただきたいのは、**乳幼児は、おとなより熱中症にかかりやすい、ということです。**[*1]原因としては、①汗腺が未発達で汗をかきにくい　②体重当たりの体表面積が大きくて外気温の影響を受けやすく、暑い環境下で体温が上がりやすい　③代謝が活発で、汗や尿として身体から出る水分が多く脱水になりやすい　④背が低く、地表の照り返しを受けやすい　⑤身体の不調を正確に伝えることができず、保護者が気づくのが遅れがち　⑥遊びに夢中になると無理をし、ちょっとの体調不良やのどの渇きは我慢する、などが挙げられます。

時期では暑さだけでなく湿気も高い「梅雨の晴れ間」や「梅雨明け」が要注意。湿気が高いと汗が蒸散しづらくなり、身体から熱が逃げにくくな

＊1　植松悟子「季節依存症疾患・病態　子どもの熱中症」『東京小児科医会報』2019.38(1)

ります。そのために体温が下がりにくく、熱中症リスクが高まるのです。

熱中症の発症しやすさは、人間の熱バランスに影響の大きい、気温・湿度・気流・輻射熱を取り入れた暑さ指数（WBGT）の数値がひとつの目安となります（197ページ）。日常生活では、暑さ指数が25を超えると熱中症が目立ち、28を超えると急増するので、参考にするとよいでしょう。

また、暑さ指数が33以上と予測される日には、都道府県ごとに「熱中症警戒アラート」が発表されます。2024年度からは、より深刻な場合の「特別警戒アラート」も設定。冷房の使用やこまめな水分補給、外出の自粛を行い、予防に役立てましょう。

日常生活における熱中症予防指針

WBGTによる温度基準域	注意すべき生活活動の目安	注意事項
危険 31以上	すべての生活活動でおこる危険性	高齢者においては安静状態でも発生する危険性が大きい。外出はなるべく避け、涼しい室内に移動する。
厳重警戒 28以上31未満		外出時は炎天下を避け、室内では室温の上昇に注意する。
警戒 25以上28未満	中等度以上の生活活動でおこる危険性	運動や激しい作業をする際は定期的に十分に休息を取り入れる。
注意 25未満	強い生活活動でおこる危険性	一般に危険性は少ないが激しい運動や重労働時には発生する危険性がある。

＊日本生気象学会「日常生活における熱中症予防指針ver.4」2022

暑い環境にいる場合の体調不良は熱中症を疑う

熱中症には特有の症状はありません。熱や頭痛、嘔吐、筋肉痛などがよくみられる症状ですが、これらは感染症でもみられるもの。そのため、体調不良時には他の感染症と見分けがつかない場合もあります。このときの判断基準が「暑い環境にいたかどうか」です。

事例

1歳半の女児。7月の前半。曇りの日。13時〜14時頃まで公園で遊んでいた。一緒にいた友人は汗をかいていたが、本人は汗をかいていなかった。体調が悪そうで身体も熱く、嘔吐をしたため、身体を冷却して受診した。熱中症と診断された。

[＊2]**日本救急医学会は「暑い環境にいる、もしくは、いた後の体調不良はすべて熱中症の可能性がある」としています。**乳幼児が暑い中で具合が悪くなった場合は、まず熱中症の可能性を疑い、悩ましい場合は遠慮せずに医療機関に相談をしましょう。

熱中症が疑われたら身体を冷やして水分を補給

熱中症では？と疑ったら、まずは身体を冷やして水分を補給します。医療機関や救急車を呼ぶかどうかの判断指標となるのは「ぐったりしているかどうか」。すごくぐったりしていて、意識もおかしい場合は、すぐに救急車を呼びます。また、熱中症は症状が刻々と変化するのも特徴です。最初は軽いと思っていても、短時間で進行することも。水分の摂取具合、意識障害の程度や体温の変化、汗の程度に注意して、繰り返しチェックするようにしましょう（１６８ページ）。

＊2　日本救急医学会「熱中症ガイドライン2015」

身体を冷やすときは、まずは涼しい場所に移動させて寝かせること。なるべく風通しのよい形にして、首や脇の下、太もものつけ根を濡れタオルなどで冷やしてあおぎます。保冷剤は、直接肌につけると冷たすぎるので、タオルを巻くとよいでしょう。

身体を冷やす、というと「制汗スプレーやアルコール消毒液、冷却スプレー」を思い浮かべる方もいるかもしれませんが、熱中症の応急手当にはNG。制汗スプレーは汗腺をふさいで汗を出なくするものなので、熱中症で熱がこもっているときは逆に汗が出にくくなり、体温を下げるのを妨げてしまいます。アルコールはひんやりして気持ちよさそうですが、特に子どもには皮ふからのアルコール吸収もあるため避けるべきでしょう。冷却スプレーも効果が一時的なので、他の対策と組み合わせる必要があります。

一時期、SNSで話題となったのが氷風呂です。確かにしっかり冷やすのは大事ですが、子どもは体重当たりの体表面積が大きく急激に身体が冷えて、低体温や不整脈のリスクがあるため危険です。

水分補給は大切ですが、意識レベルが悪かったり嘔吐がある場合は、無理に飲ませないことが大事。誤えんのリスクがあるからです。水分が摂れない場合は、受診を検討してください。熱中症のときの水分補給として、電解質を補える経口補水液がおすすめです。

おとなのコントロールで乳幼児を熱中症から守ろう

乳幼児は身体の不調を訴えられず、服を脱いだり、自分で冷たい飲み物をとったり、涼しい場所へ移動することができません。予防するためにはおとなのコントロールが必須です。172ページからの対処法を確認しましょう。

一方で、保護者自身も子どもの対策に追われて自らの体調を後回しにしがち。こまめに水分を補給するなどして、体調管理に気をつけましょう。

乳幼児の車内熱中症

● **乳幼児の熱中症による死亡事故の78%は車内熱中症**（＊1と＊2から筆者指針）

● **気温35℃で戸外に駐車した車はエンジン停止後15分で車内が人体にキケンなレベルに上昇する**（＊3）

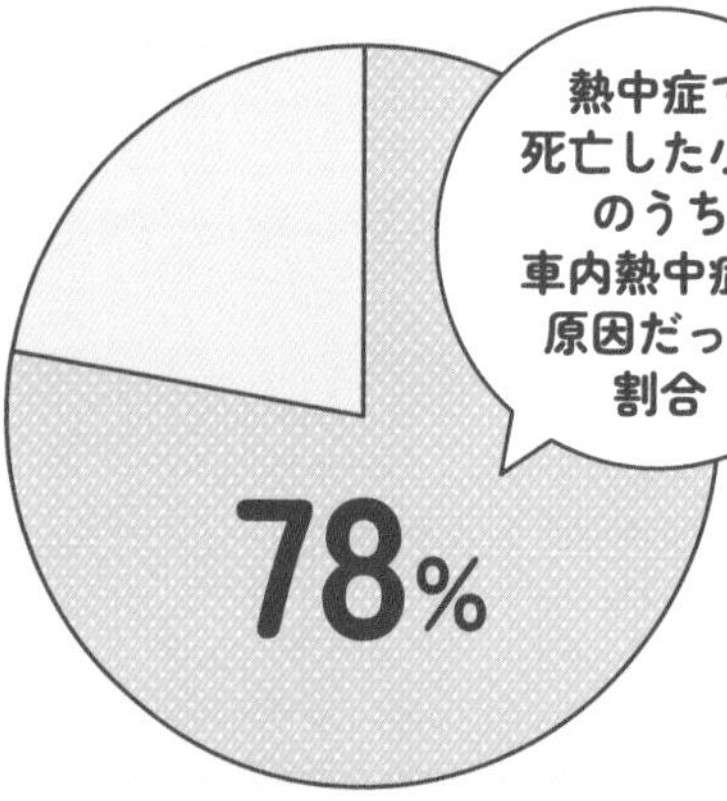

＊1
Vaidyanathan A.,et al.,Heat-Related Deaths - United States,2004-2018. MMWR. 2020. 69(24)

＊2
Council NS.,Injury Facts:Heatstroke deaths of children in vehicles. 2021

＊3
JAF実験検証「JAFユーザーテスト（真夏の車内温度）」2012

＊4
American Academy of Pediatrics website.Prevent Child Deaths in Hot Cars. 2020

なぜ危ないの？

見つけたときには手遅れなことも予防に徹することが最重要

乳幼児の熱中症でもっともリスクが高いのが、車内熱中症です。子どもの熱中症による死亡の78％が該当するというデータもあるほどで（＊1と＊2から筆者指針）、命に関わる危険度が非常に高いのです。気温35℃のときに戸外に駐車した車は、エンジン停止後に車内温度が急激に上がり、15分で人体に危険なレベルに達します（＊3）。子どもは成人の3〜5倍の速度で体温が上がる（＊4）とされており、ほんのちょっとの時間が、まさに命取りになると心得ておきましょう。

車内熱中症に気づいたら？

すぐに車内から救出し涼しい場所であおむけに寝かせましょう

クーラーが効いた室内などの涼しい場所に移動し、あおむけに寝かせます。服をゆるめ、保冷剤や濡れタオルで、首・脇の下・太もものつけ根など太い血管の部分を冷やします。肌に水をかけたり、濡れタオルなどで拭き、厚紙などであおぎます。意識があるときは、経口補水液を飲ませます。

救急車を呼ぶ

意識が悪かったり、けいれんしている場合は救急車を呼びましょう。意識はあるが水分が飲めない、しばらくたっても症状が改善しない場合は、すぐに救急外来を受診しましょう。

子どもを車内熱中症にしないために習慣にしたいこと

後部座席の確認

車を降りるときは後部座席を確認する習慣づけを

チャイルドシートは、運転席からよく見える助手席側の後部座席に設置し、降車するときは必ず後部座席を確認する習慣づけを。降車時に必ず手にする財布や携帯電話を後部座席に置いておいたり、子どもがいないときはぬいぐるみを座らせておくのも有効です（＊5）。

CHECK!

- □ 後部座席に財布や携帯電話、バッグなど大切なものを置く
- □ 駐車のたびに後部ドアを開ける

＊5　SAFE KIDS WORLDWIDE website. HEATSTROKE.

車で留守番させない

短時間でも、子どもだけ車内に残すのは絶対NG

たとえ子どもが熟睡していても、ほんの 5 分10分と思える用事であっても、子どもだけを車内に残して車から離れるのは絶対に避けましょう。

CHECK!

- □ 寝ていても車から連れ出す
- □「すぐ戻れる」ときも必ず一緒に連れて行く

ルーティン外のときこそ注意する

普段と違う行動時は夫婦で確認し合うルールを

通常と違う行動を行うときは、大事な子どもの存在が頭から抜け落ちることも。日頃から夫婦で確認し合うなど、ルールを決めておきましょう。

CHECK!

- □ 夫婦で送迎の確認をする
- □ 置き忘れセンサーの設置
- □ 保育園等からの登園確認

子どもを車内熱中症にしないための予防策

子どもが勝手に車に入らないようにしておく

CHECK!
- □ ガレージに鍵をかける
- □ 車やバスには鍵をかけておく
- □ 子どもの姿が見えないときには近くの車両とトランクを探す

ガレージや車のドアは必ずロックする習慣を

ガレージ内の車に子どもが自ら入り込んで出られなくなったり、かくれんぼでトランクに入り込んで開けられなくなったケースも（＊6）。ガレージには子どもだけでアクセスできないようにする、自宅に止めてある車にはロックをする、車のキーは子どもの手の届かないところに置くことを徹底しましょう。

＊6　SAFE KIDS WORLDWIDE website. HEATSTROKE SAFETY TIPS.

暑さ指数をマメに確認する

＊詳しくは197ページに！
暑さ指数が28を超えるとキケン！

子どもに車に取り残されたときの対策を教える

外部に存在を知らせる方法をきちんと伝える

万が一、子どもが車内に閉じこめられたときに備えて、外部に危険を知らせ、助けを求める方法を教えておくことも有効です。バックルの外し方などは、どうして必要なのか、どんなときに外すのかをしっかりと伝えて、理解させることも大切です。

CHECK!
- □ チャイルドシートのバックルの外し方
- □ クラクションの鳴らし方
- □ ハザードランプのつけ方
- □ 運転席のドアロックの解除方法

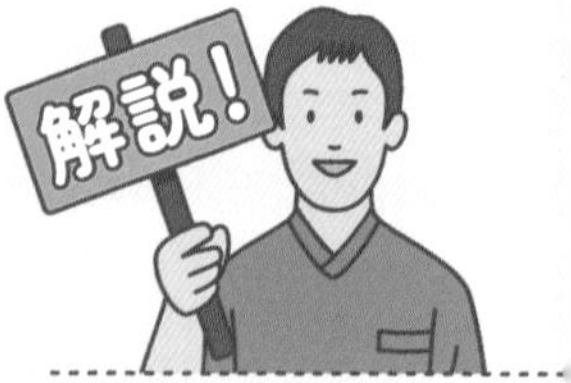

わずか15分が命取りになる場合も

熱中症のなかでも、低年齢の子どものリスクが一番高いのが、車内熱中症です。毎年、暑い季節になると痛ましいニュースが伝えられますが、（＊1と＊2より筆者指針）**アメリカでは2004〜2018年に熱中症で死亡した小児748名のうち、なんと80%近い583名が車内熱中症で死亡したと報告されています。**

車内熱中症は、非常に短時間で危険な状態になるのが特徴です。**グラフ❶からもわかるように、気温35度で戸外に駐車した車内温度は、エンジン停止後わずか15分で人体に危険なレベルに到達します。**日陰に駐車してあっても、日なた駐車と比べて車内温度の差は7℃しか違わず、＊7 **窓が4㎝開いていても、温度上昇が遅くなるわけではないというデータ**もあり、「日陰だから」「窓を開けてあるから」という認識は、非常に危険です。

グラフ❶　真夏の車内温度（＊3）

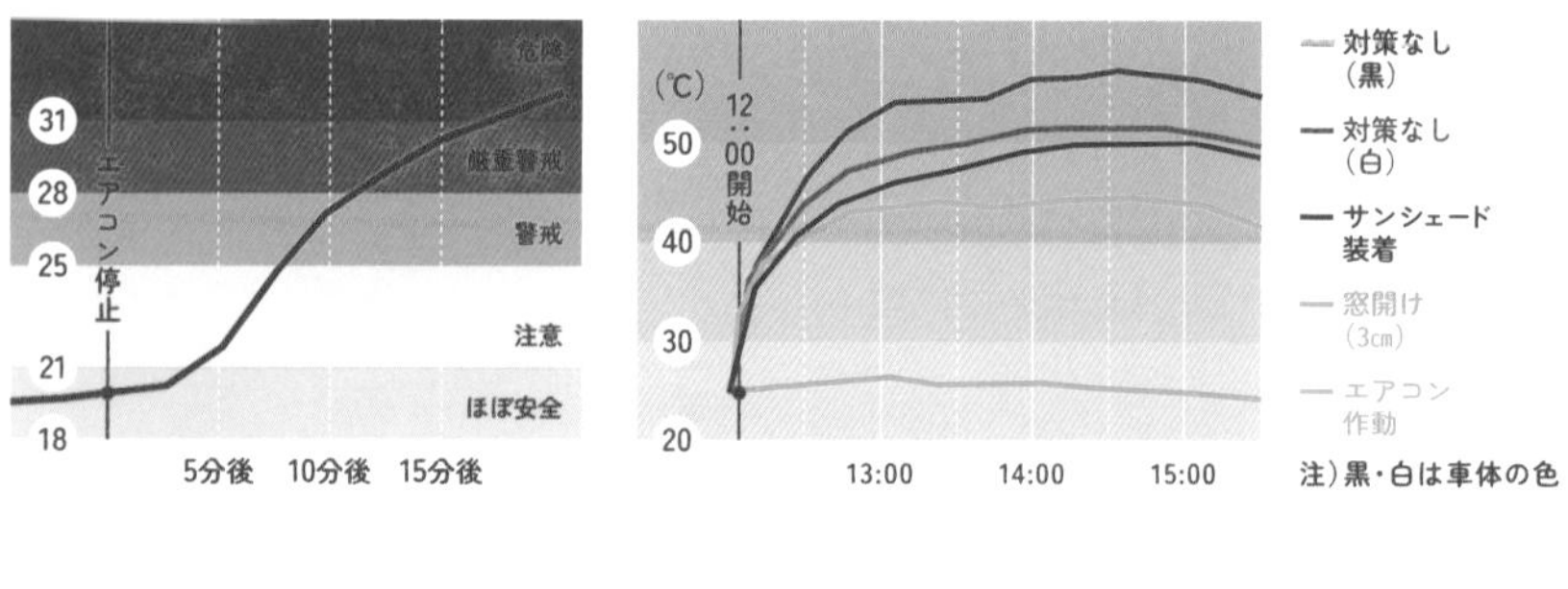

それに加え、おとなは暑いと感じると、服を脱いだり、冷たい飲み物を飲んだり、涼しい場所へ移動したりできますが、幼い子どもにはできません。ましてや、チャイルドシートに座っていたら、動くことさえできないのです。さらに、[*4]**子どもは成人の3〜5倍のスピードで体温が上がることも、リスクを高める要因**となっています。

車に子どもを乗せて買い物に出かけ、子どもが気持ちよく寝ていた場合、寝起きだとぐずるし、わざわざ起こすのも気が重いものです。「10分で戻るから」と思うかもしれませんが、意外に長引いたり、知り合いに会って話し込んだりすることも。「冷房をかけているから大丈夫」と思うかもしれませんが、メンテナンスが十分でない車だと、暑い場所でエンジンがオーバーヒートして止まったり、車内にいる子どもが間違って冷房のスイッチを切ることもありえます。目が覚めた子どもが、親を探して外に出てしまうかもしれません。どんな状況であっても、子どもを残して車を離れることのないよう、徹底しましょう。

＊7 McLaren C.,et al.,Heat stress from enclosed vehicles: moderate ambient temperatures cause significant temperature rise in enclosed vehicles.Pediatrics,2005.116(1)

親の目の前で事故が起こることもあります。

事例

0歳の男児。自宅の屋根のない車庫で車の助手席に子どもを乗せた。保護者が運転席に乗り込もうとしたときにはドアの鍵がかかっていて、車の鍵は車中に置いたかばんの中に入れていた。外は暑く、１１９番通報し、50分後に救急隊が窓ガラスを割って子どもを救出したが、多量の汗をかいていて、軽度の熱中症と診断された（＊8）。

子どもの冒険心が事故につながるケースも

車内熱中症は、意図的でない場合も起こりえます。そのひとつが、「駐車中の車に子どもが自ら乗り込んで、出られなくなった」「か

＊8　消費者庁子ども安全メールfrom消費者庁「Vol.415車内に子どもだけを残さないで!」2018

くれんぼしていてトランクに入り開けられなくなった」など保護者が気づかないうちに「子どもが車に乗り込んで起きた」ケースです。**アメリカで**[*9]**1995年から2002年までに熱中症で死亡した5歳未満の幼児171名にのうち、実に46名（27%）が、鍵のかかっていない車に入って遊んでいて亡くなったという報告**があります。そのうち3分の1以上は、車内にいた時間がわずか1時間以内。親がちょっと休んでいたり、シャワーを浴びていたわずかな間に、子どもが冒険気分で車に乗り込み、出られなくなってしまったようです。

こうした事故が起こらないよう、事故予防（傷害予防）啓発の活動に取り組む**アメリカ**[*5]**の非営利団体セーフ キッズ ワールドワイドは、予防策として以下のことを提案しています。**

- **ガレージに鍵をかける**
- **車やバスには常に鍵をかけておく**
- **車のキーは子どもの手の届かないところに置く**

＊9 Guard A.,et al.,Heat related deaths to young children in parked cars: an analysis of 171 fatalities in the United States,1995-2002.Inj Prev. 2005.11(1)

●子どもが行方不明のときは、まず近くの車両とトランクを探す

車内に閉じ込められた子ども自身が、外部に危険を知らせたり、脱出する方法を教える提案もあります。２０２２年６月に、アメリカのテキサスで５歳の男児が車内熱中症で亡くなったのを受け、**テキサス保安官事務所**[*10]**はツイッター（当時）で以下のＴＩＰＳを公開しました。**

●チャイルドシートのバックルの外し方を教えておく

●クラクションの鳴らし方を教える

●ハザードランプのつけ方を教える

●運転席のドアロックの解除方法を教える

バックルの外し方を教えていいのか、という意見もありそうですが、自分で外すことができるくらいの年齢ならば、チャイルドシートの必要性やどんなときに外すのかを説明すれば、理解できることでしょう。クラクションの鳴らし方は、周りの迷惑のかからないところで練習してもよいかも

*10 Twitter.com/HCSOTexas/status/1539366079138496512

しれません。

「忘れられた赤ちゃん」にさせないために

意図的でないもうひとつのケースが、「子どもの存在を忘れてしまう」場合です（グラフ❷）。「そんな馬鹿な」と思われるかもしれませんが、**前[*9]ページで紹介したアメリカの研究では、車内に置き去りにされた結果、車内熱中症で亡くなった子ども125名のうち、実に半数強の68名が、おとながうっかり子どもを乗せているのを忘れているか、気づかなかったことが原因で亡くなっています。**

日本での事例を1つご紹介しましょう。

事例

共働きの両親と、子ども2人の4人家族。父親は在宅勤務で、子どもた

グラフ❷　アメリカで発生した子どもの車内熱中症死亡（171人）の内訳（＊9より筆者作成）

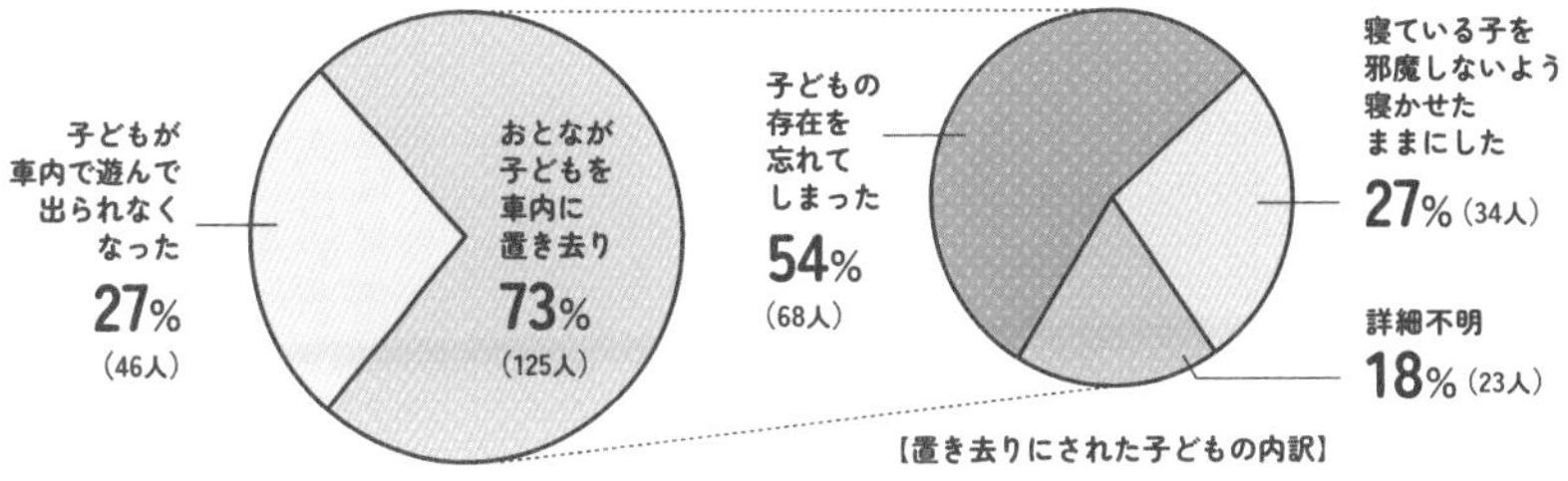

ちの送迎を担当していた。7月中旬並みの暑さ（最高気温27・8度）となった6月のある日、いつものように父親が2人の子どもを自家用車に乗せ、上の子を小学校へ送り届けた。その後、父親は下の子を保育所に預けるのを忘れたまま帰宅し、在宅勤務に従事していた。約7時間後、上の子を迎えに行った際、3列シートの2列目に設置したチャイルドシートで、下の子がぐったりしているのを発見。父親は大声で周囲に助けを求め、近くにいた女性が１１０番通報した。病院に運ばれたが、熱中症の疑いで死亡した。報道によると父親は「仕事のことを考えていて、子どもを保育園に送るのを忘れた。その後、預けたつもりになっていた」と話しているという。

こうした状況を生む原因のひとつと考えられるのが、ス

トレスです。[*12]**ストレスが人間の記憶に影響を及ぼし、注意力を低下させることは複数の研究から明らかになっています**が、疲れがたまっているときや、睡眠不足も同様です。そして、これらの条件は、そのまま子育て中の保護者の多くに当てはまります。海外では、こうした事例を「忘れられた赤ちゃん症候群（Forgotten Baby Syndrome）」と呼び、注意喚起しているほどです。

悲しい事故を防ぐために、前述のアメリカの非営利団体[*5]セーフキッズワールドワイドは次の提案をしています。

- **●車から降りるときには、必ず後部座席を確認する習慣をつける**
- **●チャイルドシートは、運転手から確認しやすい後部座席の助手席側に設置する**
- **●後部座席に財布や携帯電話、ハンドバッグなど大事なものを置く**
- **●駐車のたびに後部座席ドアを開ける習慣をつける**
- **●夫婦で送迎の確認をする**

*12 Luethi M, Meier B, et al. Stress effects on working memory, explicit memory, and implicit memory for neutral and emotional stimuli in healthy men. Frontiers in Behavioral Neuroscience, 2009.2

● 保育園側からの登園確認

● 置き忘れ防止センサー技術などを活用する

ほかに、チャイルドシートにいつも大きなクマのぬいぐるみみたいなものを置いておく方法もおすすめです。お子さんが乗るときはぬいぐるみを助手席に移します。助手席にクマがいるときは、子どもが乗車しているサインになるわけです。

「自分は絶対大丈夫」という思いこみは危険です。万が一の「忘れてしまう」可能性を踏まえて、これらを習慣にしていただければと思います。

中高生の熱中症（スポーツ熱中症）

- 部活動での熱中症が多い
- 小学生も注意が必要
- プールや海でも熱中症になる

学校で起こった熱中症（＊1）
5074件
（令和元年度）

小学校	541件
中学校	2081件
高　校	2452件

＊1　環境省・文部科学省「学校における熱中症対策ガイドライン作成の手引き」2021

熱中症？ それとも他の病気？

と迷ったら…

from DOCTOR

まずは
暑い環境にいたか
どうかがスタートライン。
悩ましいときは
医療機関に相談を！

なぜ危ないの？

大量の発汗から脱水症状を起こし重症化する危険も大

子どもの熱中症がもっとも起こりやすいのは中高生の運動時です（＊1）。体育の授業や部活中の発症が多いですが、校外学習中に小学生が亡くなった例もあり、どの学年、環境でも気をつけなくてはなりません。

スポーツ熱中症は重症化しやすいのも特徴です。屋外競技の野球やラグビーのほか、柔道や剣道など屋内競技も注意が必要。暑い環境下での運動で多量の汗をかく、水分を摂る環境が限られている、防具などを装着する、グラウンドからの強い照り返し、などさまざまな要因が発症を引き起こしていると考えられます。

あっ!!

熱中症に気づいたら!?

身体を冷やして水分を与える

❶身体を冷やす

涼しい場所に移動し、あおむけに寝かせます。服をゆるめ、保冷剤や濡れタオルで、首・脇の下・太もものつけ根を冷やします。服に水をかけたり、濡れタオルなどで拭き、厚紙などであおぎます。

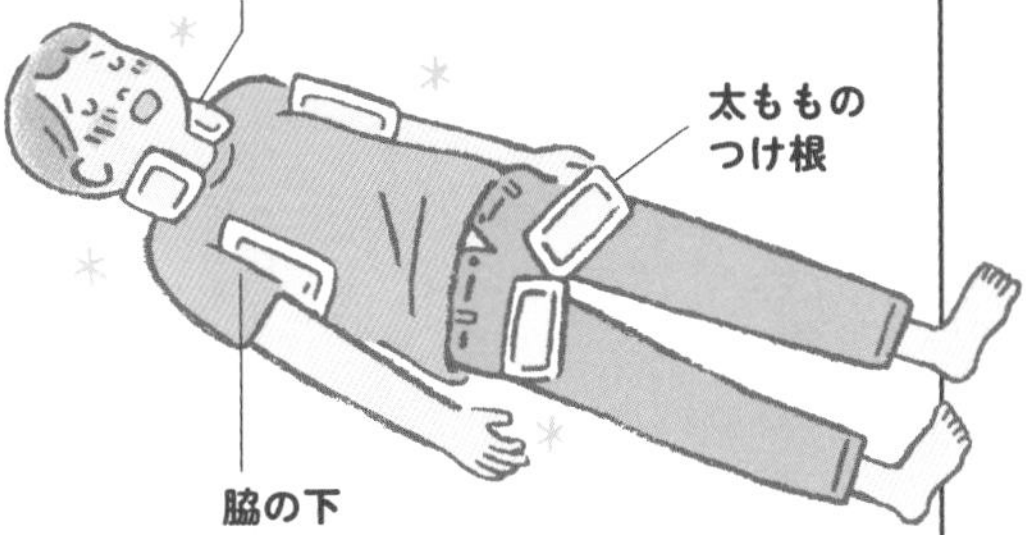

❷水分を与える

意識レベルが悪い場合や嘔吐がある場合は、水分補給は控えて。

すぐに救急外来を受診

CHECK!

- □ 水分が飲めない
- □ しばらくたっても症状が改善しない
- □ 上記の症状はあるが意識障害はない

ぐったり感が強ければ救急車を!

こんなときは迷わず **救急車**

CHECK!

- □ 意識が悪い
- □ けいれんしている

119

スポーツ活動中の熱中症予防5ヶ条（日本スポーツ協会）

1　暑いとき、無理な運動をしない

運動強度が高いほど、熱中症の危険性が高まります。暑さに応じて運動強度を調節しましょう。

2　急な暑さに気をつける

夏の初めや合宿初日、夏以外でも急に気温が高くなった場合は軽い運動にとどめ、暑さに身体を慣らしましょう。

3　失われた水分と塩分を取り戻す

こまめな水分補給と、スポーツドリンクなどで0.1～0.2%程度の塩分を補給しましょう。

4　薄着を心がける

吸湿性や通気性のよい素材の軽装、帽子の着用を。防具をつける場合は、休憩中に衣服をゆるめて、熱を逃がしましょう。

5　体調不良時はスポーツを避ける

疲労、睡眠不足、発熱、風邪、下痢など、体調の悪いときは無理に運動しないようにします。

1の暑さの目安は左ページの「暑さ指数」を参考にしましょう！

スポーツドリンクの過剰摂取に注意

飲み過ぎや習慣化に注意

スポーツドリンクにはかなりの糖分が含まれています。習慣化すると糖尿病の発症リスクが上がったり、ビタミンB_1欠乏症によるけいれんを起こすこともあるので注意しましょう。

暑さ指数とは 気温 湿度 輻射熱 を使って計測した数値です

熱中症になりやすい気候かを判断するのに役立つのが、暑さ指数（WBGT）です。これは下のような要素から算出されますが、この度数が25を超えると熱中症の発症が目立ち、28を超えると急増するとされています（＊1）。日本スポーツ協会は、WBGTが28以上では激しい運動中止、31以上では特に子どもは運動を中止すべきとしています。環境省のホームページでは、毎日全国各地のWBGT指数を公表しているので、運動前の参考にしましょう。

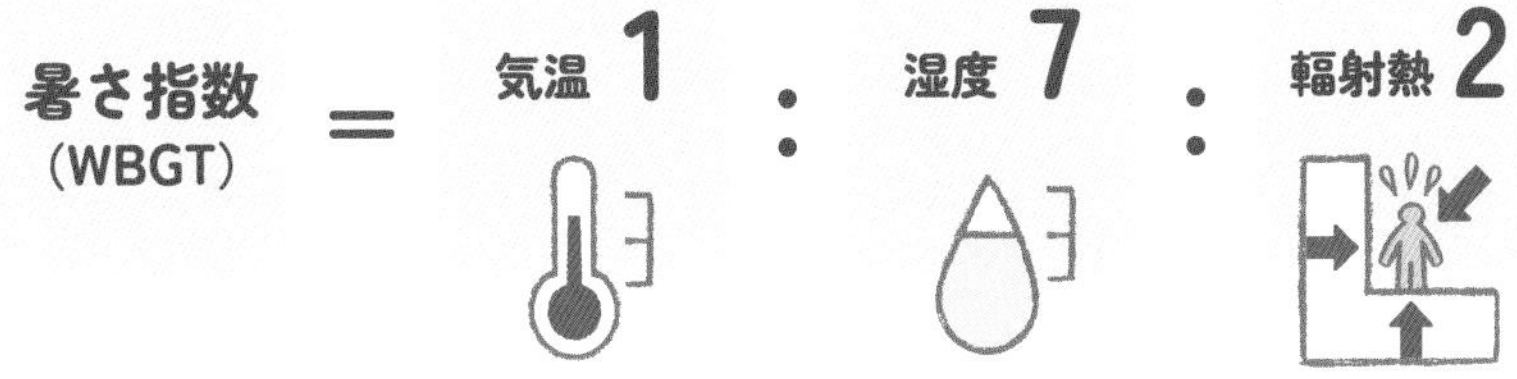

運動に関する熱中症予防指針 ＊環境省熱中症予防サイトより

気温（参考）	暑さ指数（WBGT）	熱中症予防運動指針	
35℃以上	31 以上	運動は原則中止	特別の場合以外は運動を中止する。特に子どもの場合には中止すべき。
31~35℃	28 ～ 31	厳重警戒（激しい運動は中止）	熱中症の危険性が高いので、激しい運動や持久走など体温が上昇しやすい運動は避ける。10 ～ 20 分おきに休憩をとり、水分・塩分の補給を行う。暑さに弱い人（体力の低い人、肥満の人や暑さに慣れていない人など）は運動を軽減または中止。
28~31℃	25 ～ 28	警戒（積極的に休憩）	熱中症の危険が増すので、積極的に休憩をとり適宜、水分・塩分を補給する。激しい運動では、30 分おきくらいに休憩をとる。
24~28℃	21 ～ 25	注意（積極的に水分補給）	熱中症による死亡事故が発生する可能性がある。熱中症の兆候に注意するとともに、運動の合間に積極的に水分・塩分を補給する。
24℃未満	21 未満	ほぼ安全（適宜水分補給）	通常は熱中症の危険は小さいが、適宜水分・塩分の補給は必要である。市民マラソンなどではこの条件でも熱中症が発生するので注意。

＊1　植松悟子「季節依存症疾患・病態 子どもの熱中症」『東京小児科医会報』2019.38(1)

猛暑の中での過酷な運動は重い熱中症の原因に

実は熱中症がもっとも起こりやすいのは、中高生の運動時です。**2019年**[*1]**に学校管理下で発生した熱中症は、全国で実に5075件。小学校では約500件でしたが、中学、高校ではいずれも2000件を超えるほどとなっています。**

近年では、熱中症への認識が高まり、気温に応じた運動量の調整など予防策も立てられるようになったこともあり、スポーツ熱中症による死亡事故件数は減少傾向です。それでも受診者数は依然多く、対策の徹底が必要です。

熱中症が発生しやすいのは、グラフ❶にあるように、野球やラグビーなどの屋外で行うスポーツのほか、剣道などの防具や厚手の衣服を着用して

グラフ❶　場所別・スポーツ種目別　熱中症発生傾向（1975年～2012年）（＊3）

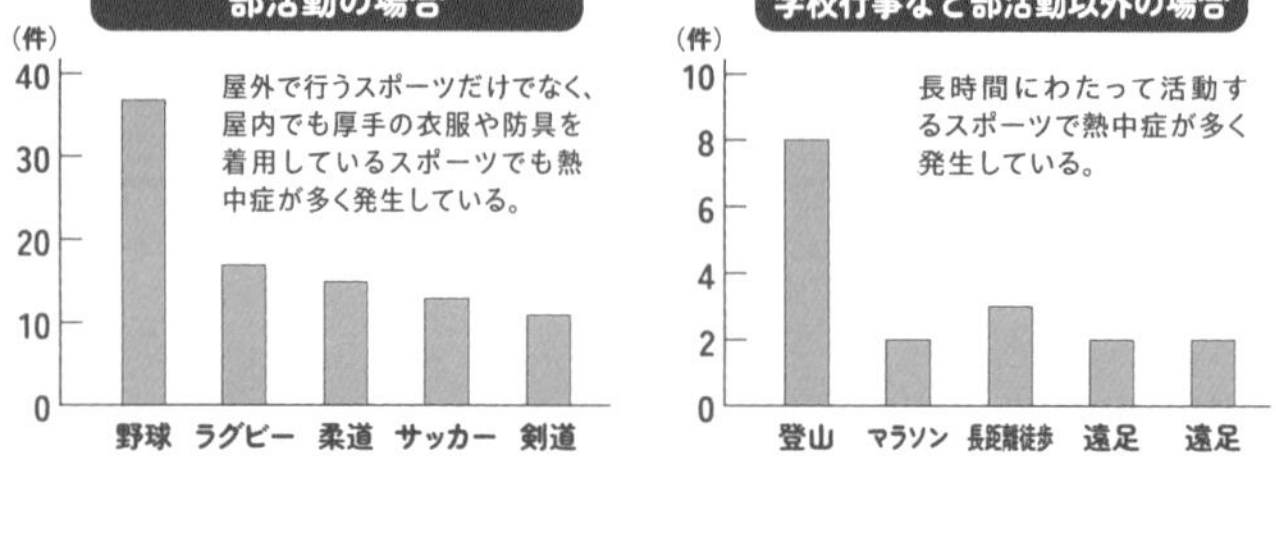

いる部活動。また、登山やマラソン、長距離徒歩など、長時間にわたって活動する学校行事であることがわかります。

事例

野球部に所属する高校2年生の男子。試験休みに入り、野球合宿に参加した。合宿初日は最高気温35℃の炎天下での練習となった。午前中で練習が終わったため、5㎞離れた宿舎へ水分補給をしつつジョギングで戻った。宿舎到着後に会話の様子に異常がみられたため部屋に運ばれ休んでいたが、呼吸が苦しそうになったため、救急車で病院に搬送された（＊3）。

197ページの「運動に関する熱中症予防指針」では、気温が35℃を超えた日や、気温がそれほど高くなくても湿度が高い日の運動は、原則中止とされています。

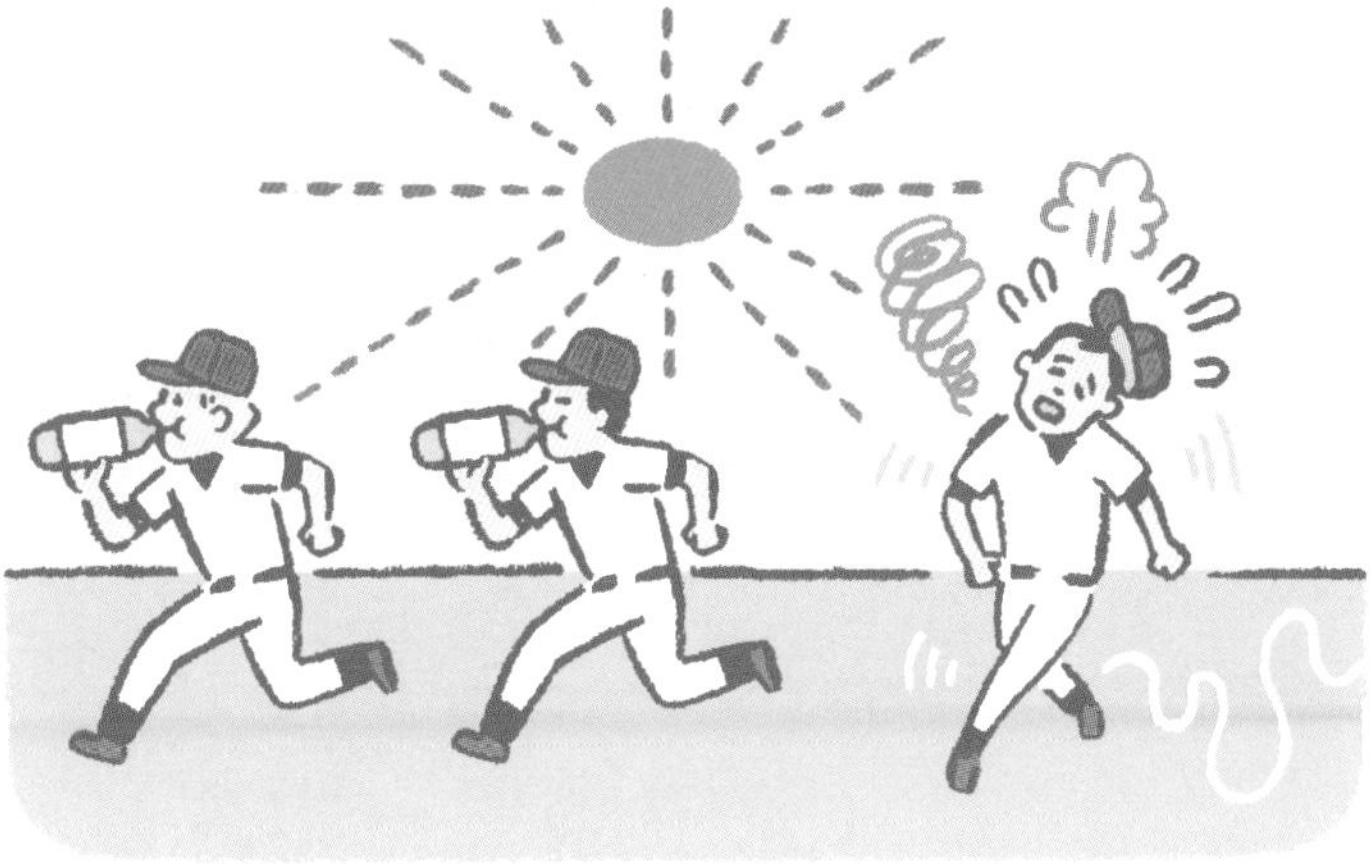

＊3　大塚製薬「ケーススタディから学ぶ熱中症対策と対処法」

この事例では、炎天下での練習やジョギングに加え、試験を終えたばかりで身体が暑さに慣れていなかったことも、熱中症を引き起こした原因だと考えられます。

熱中症対策は、運動効果を上げるためにも重要

暑さの中で長時間の運動をすると、大量の発汗が促され、水分と塩分を失い、過度の脱水、全身の循環不全が起こります。そのまま無理に運動を続けると状態はさらに悪化し、40度以上の高体温や脳のオーバーヒートが生じ、意識障害や体温調節機能不全（発汗停止）から、命の危険にも及んでしまいます。

こうした事態を招かないために、日本スポーツ協会では「スポーツ活動中の熱中症予防5ヶ条」を設定しています（196ページ）。運動するときは、この指針を守らなくてはなりません。

暑い中で無理に運動をしても、運動の質が低下するうえに消耗が激しく、効果も上がりません。運動中はこまめに休憩をとる、のどの渇きに応じて自由かつこまめに水分を補給する、暑さに応じて運動強度を調節するなど、しっかりと熱中症への対策をとりましょう。よい状態で運動することは、熱中症予防だけでなく、運動の質を高めるためにも重要です。

体温が高いとき熱中症では「高体温」と言い、病気の「発熱」とは別ものです

体温を調節する働きが未熟な乳幼児では、39度以上の発熱は珍しくありません。一般的に、乳幼児では37.5度以上を発熱と考えますが、発熱の原因の多くは、風邪などの感染症です。身体にウイルスなどの病原体が入ると、脳の体温調節中枢が体温のセットポイントを上げ、白血球の働きを活発にして免疫の働きを促します。こうした発熱は身体の自然な防御反応であり、2〜3日たつと自然に下がることがほとんど。脳に障害が出ることはないので、あわてて下げる必要はありません。

一方、熱中症による高体温は、外気の影響で無理矢理体温を上げられている状態です。熱が出ている状態ですが、これは発熱ではなく「高体温」と呼び、体温調節中枢が絡んでいないので、身体を冷やすなど外からの影響をなんとかしないと熱は下がりません。解熱剤は効きませんし、脳に支障が出る可能性もあるため、僕たち医師は「大至急、熱を下げないと」と考えます。同じ39度であっても大違いで、熱中症による「高体温」はそれだけ危険だと、知っていただきたいのです。

熱中症の高体温

この高体温はすぐに
下げなくてはなりません。

病気の発熱

この発熱は身体の防御反応です。
あわてて下げる必要はありません。

首にひもが巻きつく

① 子ども服のフード（縊頸《いっけい》）
などで窒息

② ブラインドや
カーテンのひも（縊頸《いっけい》）
などで窒息

服のフードやブラインドのひもなど身近なものが重大事故につながることも

家庭内で起きる子どもの事故のなかでも、危険が気づかれにくく、かつ怖いのが、服のフードやブラインドのひもなどが首に引っかかって窒息する事故です。

具体的には、衣類についたひもやフードが、ドアノブや遊具などに引っかかって首が絞まったり、遊んでいたり転倒した拍子に、ブラインドのひもやカーテンのタッセルに首が絡まるもので、ごくわずかな時間で気絶し、2～3分で命に関わる事態に陥ります。

子どもはおとなが予測できない動きをすることに加え、乳幼児はブラインドのひもなどに自ら近寄ることはできても、それらが首に絡んでしまうリスクを理解する能力は育っておらず、絡んだときにそこから逃れる方法も知りません。事故の瞬間を保護者が目撃していないことも特徴で、静かに起こり、数分以内に致命的になってしまいます。そういう点でも溺水事故と似ていると言え、十分な予防対策が必要です。

「溺れる」と同じように
静かに起こり、短時間で命に関わる事態になりやすい。
だから怖いんです

＊事前に講習会などで学んでおきましょう

心肺蘇生のやり方

胸骨圧迫

①周囲の安全を確保し、硬くて平らな地面か床に静かに寝かせる。

②胸の真ん中の部分を指を2本そろえて押す。胸の厚さの3分1（1歳未満は4㎝、1歳以上は5㎝）沈むように。

③アンパンマンのマーチの速さ（1分間に100～120回のスピード）で30回続ける。

アンパンマンのマーチの速さで 30回

繰り返す

人工呼吸

①子どものあごを持ち上げて気道を確保する。

②子どもの口と鼻に息を1秒吹き込む。

③息を吹き込みながら胸が上がるのを確認。⬇

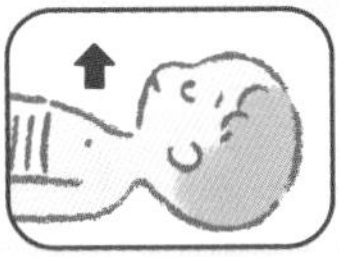

④息を吹き込んだらいったん口を離す。

⑤❶～❹を2回繰り返す。

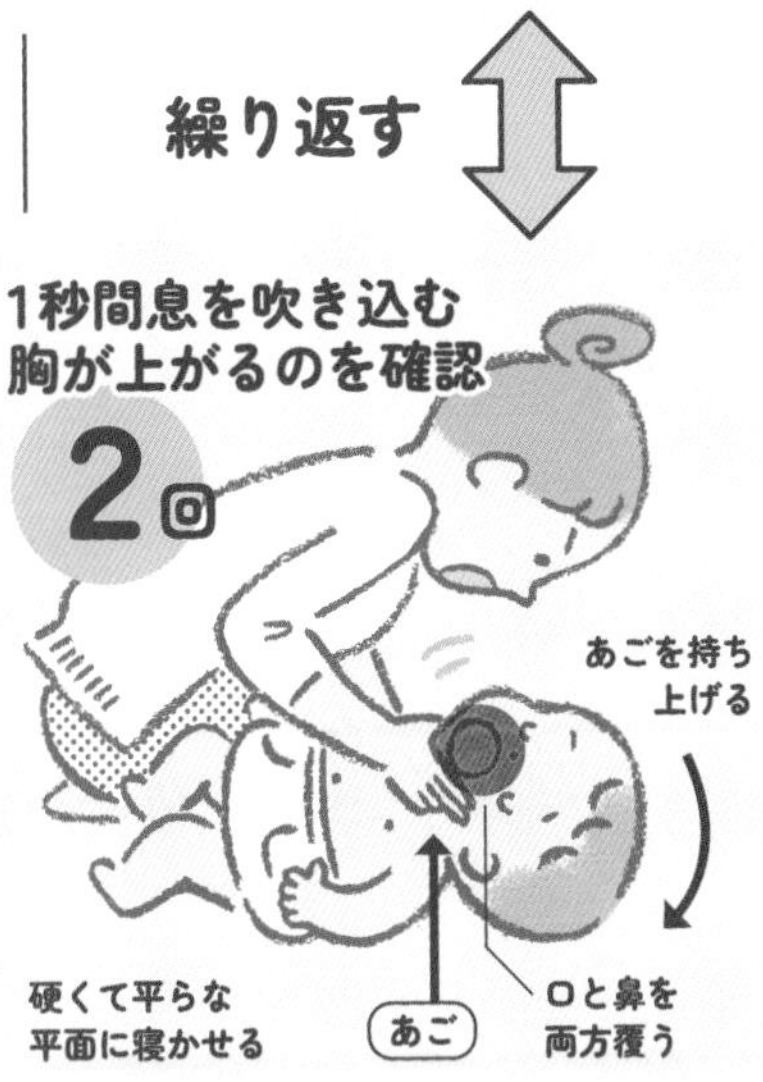

詳しくは4～7ページへ

子ども服のフードなどで窒息（縊頸《いっけい》）

- 3～6歳の男の子に多い（＊1）
- 動き回れるようになる3歳未満でも発生している
- パーカーはひもだけでなくフード自体も危険
- 短時間で気絶し、**数分で命に関わる緊急事態に**

なぜ危ないの？

ドアノブなどに引っかかり「首つり」状態になるから

子ども服のフードやひも、ベルトなどが、思わぬ事故につながることがあります。たとえばフードがドアノブに引っかかって宙づりになったり、友だち同士でフードやひもを引っぱり合って窒息につながったり。海外では洋服のひもがスクールバスに挟まれたまま走行し死亡事故につながったケースも。首を絞められると、通常はわずかな時間で気絶し、2～3分で命に関わる事態になり、非常に危険です。また、ズボンの裾のひもが電車のドアに挟まったり、エスカレーターに挟まり転倒する、上着のひもが自転車のタイヤに巻き込まれるなどにも注意を。

＊1
Cheng S.,et al.,An analysis of children's clothing-related injuries cases reported by the media in mainland of China from 2003 to 2017.Medicine,2020;99(9)

事故を見つけたら?

すぐに平らな場所に寝かせ意識を確認

**大声で呼びかけ
意識があるかを確認**

平らな場所にあおむけに寝かせ、肩のあたりをポンポンと叩きながら、大きな声で名前を呼びかけ、意識があるかを確認します。強くゆすったり、顔を叩いてはいけません。

CHECK!

- □ あおむけに寝かせる
- □ 肩のあたりをポンポンと軽く叩きながら、名前を呼ぶ
- □ 反応があるか確認する

反応がない / **反応がある** → **すぐに救急外来を受診**

119番!

迷わず救急車

すぐに119番通報しましょう

近くに人がいれば助けを求めましょう。呼吸がない場合は、胸部圧迫と人工呼吸による心肺蘇生を行います。

CHECK!

- □ 救急隊との通話はスピーカーモードで!
- □ 周囲に人がいるなら近くにAEDがないか探してもらう

＋

呼吸をしてなかったら 心肺蘇生

救急隊が来るまで、もしくは意識が回復するまで続けましょう。途中でやめてはいけません。

やり方は4～7ページに。
万が一に備えて、事前に講習会などで応急手当のやり方を学んでおくとよいでしょう。

子ども服で窒息を防ぐためにおうちでできること

事故の起こりにくい服を選びましょう

1 引っかかりやすいフードやひもがない服を選ぶ

2 手持ちの子ども服を見直し、危険なひもは抜いたり縫いつけたりするなどの加工をする

3 屋外で遊ぶときにはひもやフードのついた服は避ける

こんな部分が危険です

フード

フードがホックなどで簡単に取り外しできる、または背中に収納できる作りのデザインを選ぶ。

腰まわりのひも

背中側にたれ下がったひもがついていない、腰の後ろで結ぶひもやベルトがついている服は、ひもの長さが結び目から36cm以内のものを選ぶ。

＊2　経済産業省「子ども服の安全基準、知っていますか？（JIS L4129）」2022

安全基準の規格を確認し、着ているときの安全にも配慮を

子ども服のひもに関しては「JIS L4129」という安全基準があり（＊2）、年齢層別、身体部位別にひもの有無や長さなどが制定されています。購入の際には、まずは規格に合っているか表示を確認しましょう。また「引っかかりやすいひもなどのない服を選ぶ」「遊ぶときは、ひもやフードのある服を着せない」こと。既に家にある服も点検し、首まわりやウエストのひもは抜いたり、縫いつけるなどの工夫を。大きすぎる服は裾を踏むなどで転倒する心配もあるため、サイズに合った服を着せることも大切です。

室内で

引っかかりやすい手すりや取っ手などがないか確認しておく

低い位置にあるものにも注意を

子どもの身長くらいの高さにあるドアノブや家具の取っ手、ベッドなどの柵がないかを確認し、家具の配置などを見直して。帰省先などでは特に見逃しがちなので、改めて確認を。

- 家具の取っ手
- ドアノブ
- 出窓などのL字の取っ手
- ベッドや椅子などの柵やすき間
- トイレや浴室の手すり など

特に帰省時など ご実家の確認 も忘れずに！

首まわりのひも

頭や首まわりには、たれ下がったひもがないデザインのものを選ぶ。

ズボンの裾のひも

裾からたれ下がったひもがある服は避け、衣服より下にたれ下がらないように調節できるパーツがついたものを選ぶ。裾が股より下の上着類なども同様。

洋服が原因で首が絞まる窒息事故に注意

いつも何気なく着せている子ども服が事故につながるとは、予想できない方も多いのではないでしょうか。実はアメリカでは、１９８０年代に子ども服が原因となる死亡事故が後を絶ちませんでした。[*3]**85～94年の間には、子どもの用のジャケットやフード付きTシャツの引きひもがエスカレーターやベビーベッドに引っかかり、少なくとも12名が死亡したと報告されています。**

中国でも、子ども服に関する事故は２００３～２０１７年に１９２件報告されています。このうち、[*1]**首にスカーフやひもが絡まった事故は51件も発生しています。性別では男児が34件と3分の2を占め、年齢では3～6歳が30件と最多となっています。**死亡例は24件で、ほとんどがフードやス

＊3 Petruk J,Shields E, Cummings GE, Francescutti LH. Fatal asphyxiations in children involving drawstrings on clothing. CMAJ. 1996;155(10)

ウェットのひも、ネクタイなどが首に絡まったもので、子ども服の事故で命に関わるのは、ひもが絡まるケースということがわかります。

日本でも、次のような事故が起きています。

事例

4歳9か月の女児。日曜日の午後1時半頃、自宅居間で父親と7歳の兄がピアノを弾いていた。女児が外出した気配を感じたが、ピアノ音のため詳細は不明。午後1時40分頃、女児の所在が気になった母親が玄関に行ったところ、ドアの取っ手に女児が着ていたパーカーのフードが引っかかった状態でドアが閉まっていた。外から女児の泣き声がしたのでドアを開けたところ、パーカーの首部分が首に巻きついた状態であった。あわててパーカーを脱がせて助け出したところ、咳をし始めた。唇は黒色だったが、意識を失ってはいなかった。1時45分には少し落ち着いたので受診先を探したが、近隣で受け入れてくれる施設がなく、1時間後に総合病院へ。診

＊4　日本小児科学会こどもの生活環境改善委員会Injury Alert（傷害速報）「No.31フード付きパーカーによる縊頸」2012より引用、一部改変

察の結果、目の周りにうっ血があり、首に皮下出血があるとのことで、1日病院で様子を見て、退院となった（＊4）。

事例

10歳の男児。エスカレーターの手すりに寄りかかって立っていたところ、吊り広告に上着のフードが引っかかり、首が絞まった。すぐに周囲の人が身体を持ち上げて助けられた。首まわりが赤くなり、指と腕もケガをした（＊5）。

保育園などでは、引っかかる可能性のあるフード付きの服などの着用を禁止しているところも多く、幼い子どもには注意を払っている保護者も多いかと思います。しかし、2つ目の事例のように比較的年齢の高い子どもでも事故が起きており、年齢を問わず、注意が必要です。

＊5　消費者庁子ども安全メール from消費者庁「Vol.600 子ども服、安全性を意識して選んでいますか?」2022

デザインだけでなく安全性に配慮した服選びを

子ども服のひもによる事故を起こさないために、[*6]**アメリカではひも等のデザインに関する安全基準が決められました。その結果、子ども服の上着のひもが原因となる死亡事故は90%も減少。**非常に効果が高いということがわかり、[*2]**日本でも同様の安全基準が制定され、年齢層別・身体部位別にひもの有無や長さなどについて一定の指針が示されました（子ども服に関する安全基準　JIS L4129）。**

しかし、罰則があるわけではなく、海外の子ども服をネット通販で購入したり、中古品をフリマアプリなどで購入する場合もあり、すべての子ども服が安全とは限りません。そのため、子ども服を選ぶときには、以下の点に留意することが大切です。

●引っかかりやすい危険なひもがない服を選ぶ

●手持ちの子ども服を見直し、危険なひもは抜いたり縫いつけたりして加

＊6 Rodgers GB, Topping JC. Safety effects of drawstring requirements for children's upper outerwear garments. Arch Pediatr Adolesc Med. 2012;166(7)

工する

●公園で遊ぶときには、ひもやフードのついた服は避ける

子どもは、走ったり、ジャンプしたり、公園の遊具によじ登ったり駆け下りたりと、非常に活発で、おとなの予想がつかない動きをします。服を選ぶときは、その服を着て行動する様子をイメージし、単にかわいさやおしゃれさだけでなく、安全面も十分に考えることが大切です。

ブラインドやカーテンのひも（縊頸《いっけい》）などで窒息

- 2歳前後に多い（＊1）
- ブラインド事故の致死率は8割近くとの報告も（＊1）
- 寝かしつけた後に、起きて引っかかってしまったケースも少なくない

＊1　Onders B, Kim EH, et al., Pediatric Injuries Related to Window Blinds, Shades, and Cords.Pediatrics. 2018;141(1)

家庭内に隠れた5つの危険（＊2）

1 磁石の誤飲
2 安全面でリコールされた製品の使用
3 窓（カーテンやブラインドのひもの危険と窓からの落下）
4 家具やテレビの転倒による負傷
5 家庭内のプールでの溺水

＊2　米国消費者製品安全委員会（CPSC）Top Five Hidden Home Hazards. 2007

なぜ危ないの？

声を出せずに数秒で気絶、2～3分で命の危険も

　ブラインドなどの開閉用のひもやカーテンのタッセルなどが子どもの首に絡まり、窒息する事故が起きています。ループ状のひもやコードがあると、足を引っかけて転倒したり、飛び跳ねた拍子に首が引っかかって宙づり状態になることも。ほとんどは親がちょっと目を離した5分未満に発生しており、首にひもが絡まった子どもは声を出すことができず、自分ではひもをほどくこともできないままに短時間で意識を失い、わずか2～3分で生命の危険にさらされます。致死率も非常に高く、極めて危険な事故です。

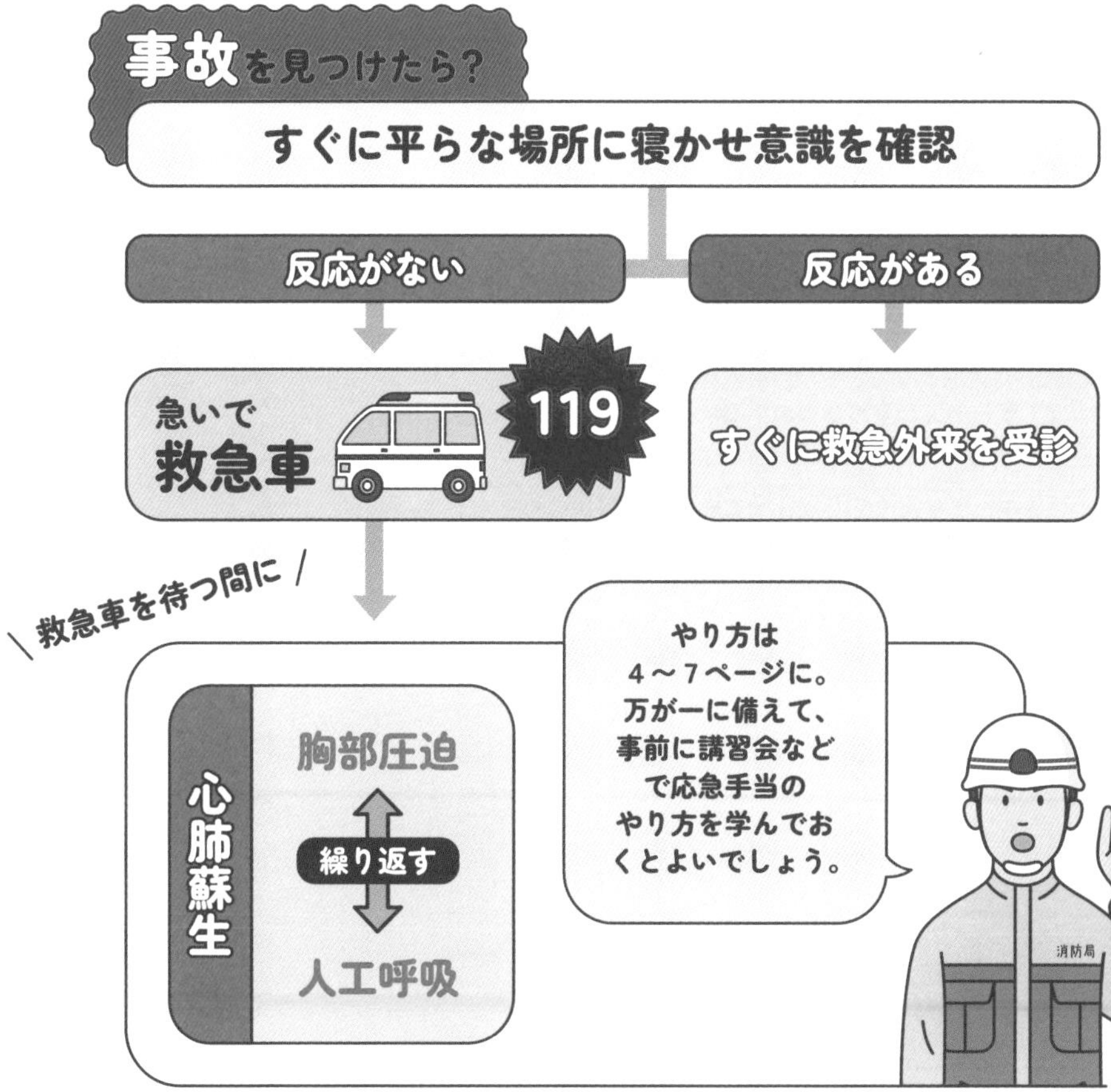

事故を見つけたら？
すぐに平らな場所に寝かせ意識を確認
反応がない
反応がある
急いで救急車
119
すぐに救急外来を受診
救急車を待つ間に
心肺蘇生
胸部圧迫
繰り返す
人工呼吸
やり方は4～7ページに。万が一に備えて、事前に講習会などで応急手当のやり方を学んでおくとよいでしょう。
消防局

ブラインドやカーテンのひもなどで窒息を防ぐためにおうちでできること

ブラインドのひもに子どもを近づけない工夫をする(＊3)

＊3　東京都生活文化局「ブラインド等のひもの安全対策ー東京都商品等安全対策協議会報告書ー」2014

ひもは短くまとめ、窓辺に近寄れない工夫を

既に購入済みのブラインドやカーテンがある場合は、窓辺の近くにソファやベッド、椅子など、踏み台になるものを置かないこと。長いひもは、クリップなどで子どもの手が届かない高さに小さくまとめます。新たに購入する場合は、操作用ひもがついていなものか、セーフティジョイントなどの安全対策が施された製品を選びましょう。

CHECK!

- □ ベッドやソファなどの家具は窓のブラインドから離れた場所に設置
- □ ループ状の構造がある製品は、子どもの体重がかかるとひもが切れるセーフティジョイントのあるものを選び、ひもが切れない製品は使わない
- □ カーテンの止めひもの下端は床から 1m 以上の高さに設置
- □ コードを短くするか、子どもの手の届かない1m 以上の位置にひもをまとめる安全クリップやコードフックを活用
- □ コードレスのブラインドを使う

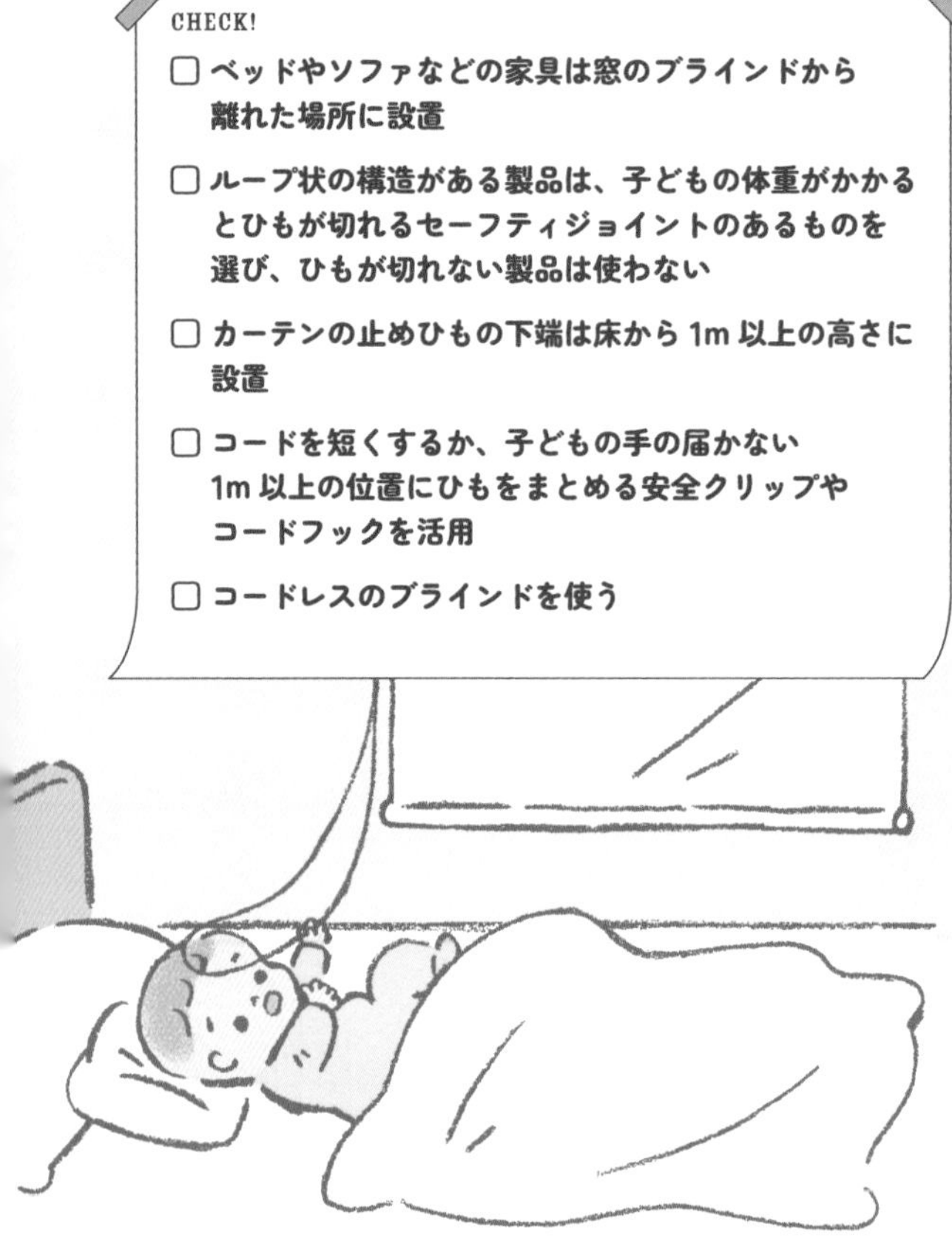

ブラインド以外に引っかかりやすいもの

水筒などをかけたまま走ったり、遊具で遊ばない

水筒や防犯ベルなどを首からかけたまま滑り台などの遊具で遊んでいて、ひもが遊具に絡まり首を締められる事故も起きています。公園や遊具で遊ぶときは、できるだけ首から下げる用品や器具は持たせないようにしましょう。

CHECK!

- ☐ 公園などの遊具
- ☐ 水筒や防犯ベルなどのひも

重さがかかるとひもが分離するセーフティジョイント、ひもを短くまとめるクリップ、チェーン固定具などを適切に活用。ひもがないタイプもおすすめ。

警告マーク

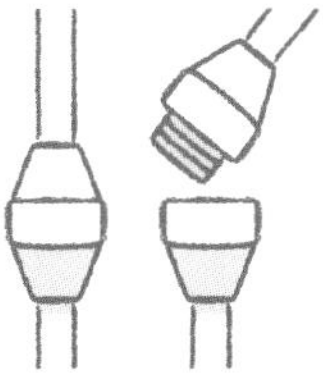
セーフティジョイント

コードクリップ

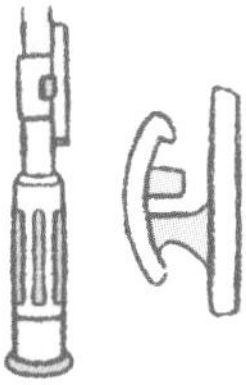
コードフック

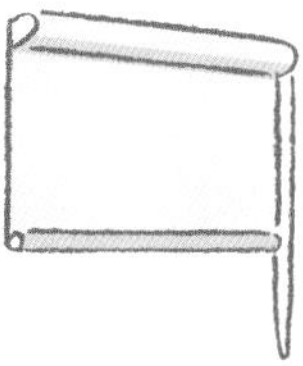
チェーン固定具

窓辺のインテリアも乳幼児にはリスクが大きいことを知っておく

窓辺にかけて毎日使っているブラインドやカーテン。それが、子どもの命に関わる事故の原因になると聞くと、驚く方も多いかもしれません。**米[*2]国消費者製品安全委員会（CPSC）は、「人々が毎日使っている可能性があるが、その危険が気づかれにくい製品」として、「家庭内の隠れた5つの危険」を挙げています（217ページ）。**〝家庭内のプール〟など、アメリカならではの注意点もありますが、**そのひとつに挙げられているのが窓で、特に「ブラインドのひものリスク」を指摘しています。**

ブラインドのひもによる事故は、アメリカでは70年以上前から報告されており、製品の改善が進められてはいるものの、現在に至るまで事故がなくなりません。**CPSCのデータベースでは、1996年〜2012年ま**

でに、アメリカ国内で6歳未満の子どもでブラインドのひもが絡まった事故は231件報告されており、このうち155件（77%）が死亡に至っていました。非常に致死率が高いことがわかります。

また、229件（99%）は自宅で起こっており、事故に遭った平均年齢は2・2歳でした。この年齢ではブラインドのひもに自ら近寄ることはできますが、それが首に絡むリスクを理解する能力は育っておらず、絡んだときにそこから逃れる方法も知らず、首が絞められていることで声を出すこともできません。静かに起こり、数分以内で致命傷になってしまう意味で溺水と似ており、非常に恐ろしい事故と言えます。

[*3]**日本でも、6歳までの子どもがいる家庭の約3割にブラインド類があるとされており、アメリカ同様の事故も起きています。**

事例

3歳7か月の男児。自宅の居間でソファに飛び跳ねて遊んでいた。ソフ

ァは居間にあり、台所からは見えない位置にあった。10分ほど台所にいた母親が居間に戻ったところ男児の首がソファの背部の窓にかかっていたブラインドカーテンの紐に引っかかっていた。足は床から浮いていて心肺停止状態となっていた。蘇生の甲斐なく死亡した（＊4）。

事例

1歳1か月の男児。居間で男児を寝かせ、母親は外で洗濯物を干していた。母親が居間に不在だった数分の間に、男児が前のめりの状態で倒れ、カーテンを留めるタッセルに首が引っかかり、首を吊ったような状態になっていた。呼吸をしている様子がなく、救急車を要請し、発

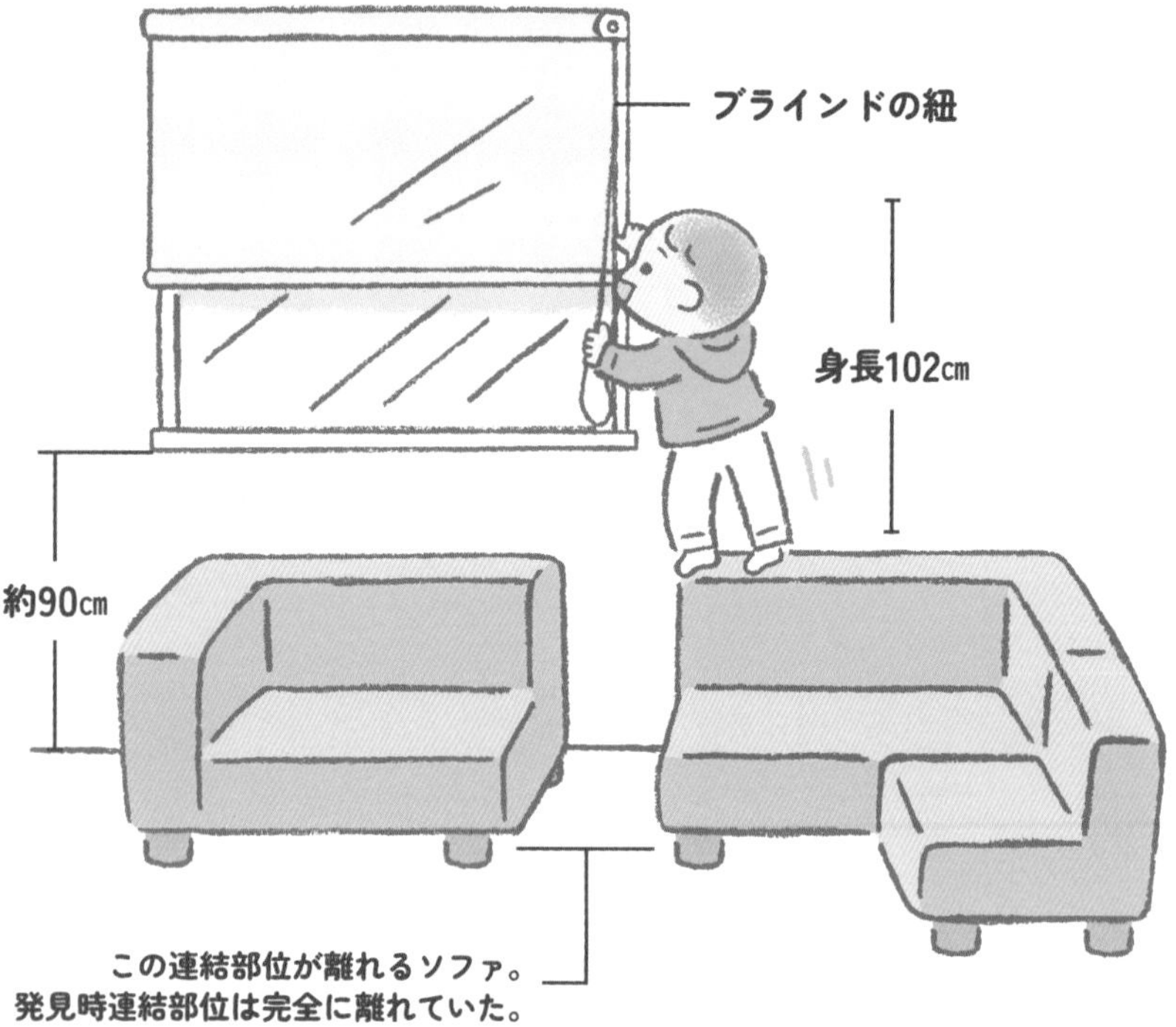

＊4　日本小児科学会こどもの生活環境改善委員会Injury Alert（傷害速報）類似事例「ブラインドの紐による縊頸（No.36 カーテンの留め紐による縊頸の類似事例3）」2021より引用、一部改変

見から約5分後に救急車が到着。ドクターヘリで病院に運ばれたが、低酸素脳症となり、約1か月の入院となった（＊5）。

ブラインドひもなどの事故の特徴のひとつが、事故の瞬間が目撃されていないことが多い点です。CPSCの報告でも、子どもが最後に目撃された状態は「寝かしつけられていた」が43・2％と最多で、「遊んでいた」が33・6％と続きます。保護者の目が離れていた時間は、事故が起きたケースの半数近く（43・9％）でわずか5分未満でした。

このことから、ちょっと目が離れたすきに、保護者の想定外の状況下で事故が起こってしまう様子がうかがえます。とはいえ、子どもたちを24時間絶え間なく監視することはできませんし、事故は一瞬で起こります。しかし、一瞬でも目を離さなければ事故は起こらない、という意見は非現実的と言えます。このような悲しい事故を防ぐためには、安全な製品を選ぶことも含めた複合的な対策が重要なのです。

＊5　日本小児科学会こどもの生活環境改善委員会Injury Alert（傷害速報）「Follow-up報告No.5」日本小児科学会雑誌118巻6号、2014より引用、一部改変

わずかな時間でも起きてしまうブラインドのひもの事故予防としては、まずはブラインドやカーテンのひもで、首吊り事故が起こるリスクがあることを知ることです。そのうえで220ページの注意事項をもとに、万全な予防策をとりましょう。企業側の製品改善の取り組みも重要です。

道具での事故にも要注意

道具の事故に関しては、首からかける水筒などのひもなどにも注意が必要です。具体例を1つ紹介します。

事例

5歳4か月の女児。幼稚園にお迎えに来た母に引き渡された後、母は建物内で2歳の妹の世話をしていた。女児は通園リュックと水筒を身につけたまま、ひとりで園庭の遊具で遊んでいた。高さ1m30㎝の滑り台から降

りようとした際に水筒のひもが遊具に引っかかり、水筒のひもで首を絞められた状態になった。1分ほどもがいた後に失神した様子を園庭にいた数名の小学生男児が気づき、すぐに救助した。園庭に設置された防犯カメラの記録から、首を絞められていたのは、約2分ほどだと推測された。救助後、すぐに母親が様子を見ると、白目をむき、よだれを垂らしていたが、1分ほどで意識が回復。自家用車で病院を受診し、首にすりきずとあざなどが認められたが、特に後遺症もなく2日目に退院した（＊6）。

遊具は子どもの発達に不可欠なもので、遊びを通じて子どもは創造力を育んでいきます。「正しい遊び方」を監督するのはおとなですが、子どもが必ずしもそれを守るとは限りません。なぜなら「誰もやっていない遊び方」は魅力的だからです。当然事故のリスクも高くなります。正しい遊び方から外れても、すぐに大きな事故につながらないために、私たちおとなにできる準備を考えていきたいものです。

＊6 日本小児科学会こどもの生活環境改善委員会Injury Alert（傷害速報）類似事例「水筒の紐が遊具に引っかかったことによる縊頸（No.31 フード付きパーカーによる縊頸の類似事例1）」2020より引用、一部改変

おわりに

この本を手にとっていただき、ありがとうございます。

私は10年以上前に、ネパール中部のベシサハールというところで小児科医として働いていました。ヒマラヤ山脈のひとつ、アンナプルナという山の麓にある村です。毎日外来診療を行い、時々救急外来をお手伝いしていたある日、15歳の女の子が運ばれてきました。

「木に登って家の燃料の薪を集めていた時に誤って落ちたらしいんだよ」

と同僚が教えてくれました。残念ながら蘇生の甲斐なく、その子は亡くなってしまいました。お母さんの悲しみに満ちた表情を今でも忘れることができません。別の日には川で遊んでいて溺れてしまった男の子も運ばれてきました。村では川は洗濯の場でもあり、お風呂でもあります。身近な存在である川ではこのような事故はよく起きていました。その子も残念ながら助けることができませんでした。途上国はケガや事故が非常に多いです。重いケガで命に関わることも少なくありません。ほかにも悲しい経験をしたことは何度かありました。

では、日本はどうでしょうか。

さまざまなデータから、わが国の子どもを取り巻く不慮の事故がこの20年でかなり減ってきたことは示されています。たとえば溺水はこの30年で年間の死者が600人↓60人と激減しました。事故が減っている理由ははっきりしませんが、少子化だけでなく、関係者の努力も大きいことは間違いありません。

それでも私自身、日本の医療現場に戻ってからも、頭をぶつけたり、ボタン電池を食べてしまったり、やけどしたりするお子さんと救急外来で遭遇してヒヤッとする機会は少なくありませんでした。ニュースでも、毎週のように乳幼児がさまざまな悲しい事故で命を落とす記事を目にしています。

まだまだ日本でも子どもたちの事故はなくなりません。溺水や車内熱中症など、件数は少なくてもひとたび起これば命に関わる事故もあります。いくら医療が発展しても助けられないケースも少なくありません。予防にまさる治療はないのです。

そこで今回は、子育てをするうえで保護者の皆さんに知ってほしい事故について、文献データをもとに根拠のある予防策をわかりやすくまとめました。前書きにも書きましたが、「目を離さない」「注意しましょう」という漠然とした呼びかけで事故をなくすことはできません。具体的な記載を心がけました。また、保護者の皆さんに当事者意識を持っていただけるよう事例を多く取り入れました。本書が乳幼児の事故予防について考えるための一助になれば幸いです。

最後になりましたが、本書出版にあたりきめ細やかな支援をいただいた吉川亜香子様、阿部民子様、そしてつないでくださった西山知恵子様に厚く御礼申し上げます。

2023年秋　坂本昌彦

坂本昌彦（さかもとまさひこ）

小児科医。長野県佐久総合病院佐久医療センター小児科医長。専門は小児救急と渡航医学。日本小児救急医学会代議員および広報委員。日本国際保健医療学会理事。子どもの病気、ホームケア、地域の子育て支援情報などを発信するプロジェクト「佐久医師会　教えて！ドクタープロジェクト」の発起人であり責任者。福島県立南会津病院に勤務の後に、途上国での医療従事。これらの経験により保護者の医療知識を啓発することの大切さを痛感する。その後、長野県の佐久医療センターで「教えて！ドクタープロジェクト」をスタートさせる。Yahoo! ニュース個人オーサーアワード 2022 大賞受賞。

デザイン　亀井英子
イラスト　玉田紀子
校　　正　滄流社
企画協力　西山知恵子（Antaa）
編集協力　阿部民子

小児科医が教える
子どもを事故から守る本

発行日　2023年11月 3日 第1刷発行
　　　　2023年12月27日 第2刷発行

著　者　坂本昌彦
発行者　清田名人
発行所　株式会社内外出版社
〒110-8578
東京都台東区東上野2-1-11
電話 03-5830-0368（企画販売局）
電話 03-5830-0237（編集部）
https://www.naigai-p.co.jp/

印刷·製本　中央精版印刷株式会社

ISBN978-4-86257-654-5